Quick Guide

Quick Guides liefern schnell erschließbares, kompaktes und umsetzungsorientiertes Wissen. Leser erhalten mit den Quick Guides verlässliche Fachinformationen, um mitreden, fundiert entscheiden und direkt handeln zu können.

Weitere Bände in der Reihe https://link.springer.com/bookseries/15709

Oliver Heun-Lechner

Quick Guide Trennungsmanagement

Wie Sie Trennungsgespräche fair und wertschätzend führen können

Oliver Heun-Lechner
Outplacement.House e.U.
Graz, Österreich

ISSN 2662-9240	ISSN 2662-9259 (electronic)
Quick Guide
ISBN 978-3-658-35231-8	ISBN 978-3-658-35232-5 (eBook)
https://doi.org/10.1007/978-3-658-35232-5

Die Deutsche Nationalbibliothek verzeichnet diese Publikation in der Deutschen Nationalbibliografie; detaillierte bibliografische Daten sind im Internet über http://dnb.d-nb.de abrufbar.

© Der/die Herausgeber bzw. der/die Autor(en), exklusiv lizenziert durch Springer Fachmedien Wiesbaden GmbH, ein Teil von Springer Nature 2021
Das Werk einschließlich aller seiner Teile ist urheberrechtlich geschützt. Jede Verwertung, die nicht ausdrücklich vom Urheberrechtsgesetz zugelassen ist, bedarf der vorherigen Zustimmung des Verlags. Das gilt insbesondere für Vervielfältigungen, Bearbeitungen, Übersetzungen, Mikroverfilmungen und die Einspeicherung und Verarbeitung in elektronischen Systemen.
Die Wiedergabe von allgemein beschreibenden Bezeichnungen, Marken, Unternehmensnamen etc. in diesem Werk bedeutet nicht, dass diese frei durch jedermann benutzt werden dürfen. Die Berechtigung zur Benutzung unterliegt, auch ohne gesonderten Hinweis hierzu, den Regeln des Markenrechts. Die Rechte des jeweiligen Zeicheninhabers sind zu beachten.
Der Verlag, die Autoren und die Herausgeber gehen davon aus, dass die Angaben und Informationen in diesem Werk zum Zeitpunkt der Veröffentlichung vollständig und korrekt sind. Weder der Verlag noch die Autoren oder die Herausgeber übernehmen, ausdrücklich oder implizit, Gewähr für den Inhalt des Werkes, etwaige Fehler oder Äußerungen. Der Verlag bleibt im Hinblick auf geografische Zuordnungen und Gebietsbezeichnungen in veröffentlichten Karten und Institutionsadressen neutral.

Planung/Lektorat: Ann-Kristin Wiegmann
Springer Gabler ist ein Imprint der eingetragenen Gesellschaft Springer Fachmedien Wiesbaden GmbH und ist ein Teil von Springer Nature.
Die Anschrift der Gesellschaft ist: Abraham-Lincoln-Str. 46, 65189 Wiesbaden, Germany

Vorwort

Was Sie in diesem *Quick Guide* finden können

- Eine grundlegende Beschreibung von Trennungsgesprächen.
- Eine allgemeine Hilfestellung für die Gesprächsführung.
- Inhalte der verschiedenen Gesprächsphasen und Handlungsempfehlungen.
- Erläuterungen über den Nutzen von guter Vorbereitung, Fairness und Wertschätzung.
- Leitfäden um Reputationsschäden und Kündigungsanfechtungen zu vermeiden.

Personelle Trennungen gehören zum Wirtschaftsleben und können nur selten auf lange Sicht zur Gänze vermieden werden. Trennungsgespräche sind das Nadelöhr in Trennungsprozessen. Sie wirken in weiterer Folge auf Betroffene und deren Umwelt, aber eben auch auf Ausführende, Bleibende und auf Organisationen selbst. Diesen verhältnismäßig selten geführten Mitarbeitergesprächen wird trotz ihrer Wichtigkeit hinsichtlich der Risiken, nur selten das erforderliche Augenmerk geschenkt. Gut vorbereitet und mit einer achtsamen

Haltung können Schäden auf beiden Seiten reduziert, oder im besten Fall vollumfänglich verhindert werden.

Trennungsgespräche zählen zu den wohl schwierigsten Mitarbeitergesprächen und stellen auch erfahrene Führungskräfte immer wieder vor große Herausforderungen. In Trennungsprozessen bekommen darüber hinaus Unternehmenswerte einen außerordentlich hohen Stellenwert und werden im Zusammenhang mit personellen Freisetzungen unweigerlich auf die Probe gestellt bzw. auf ihre Wahrhaftigkeit überprüft. Daher erfordern Trennungsgespräche ganz allgemein betrachtet ein hohes Maß an Vorbereitung. Fairness und Wertschätzung sind unabdingbare Voraussetzungen, um Trennungen in einem guten beiderseitigen Einvernehmen umsetzen zu können.

Durch die soziale Verantwortung gegenüber Betroffenen und durch die damit meist verbundenen Kosten wächst die Dringlichkeit an, Trennungen inhaltlich zu thematisieren und entsprechende Leitlinien in individualisierter Form Führungskräften zur Verfügung zu stellen.

Nach Laurenz Andrzejewski (2008) empfiehlt sich in diesem Zusammenhang eine Haltung, die förderlich für Betroffene, stimmig für im Unternehmen verbleibende Mitarbeiter und wahrhaftig im Sinne der eigenen Unternehmenskultur ist.

Auf eine geschlechtsspezifische Differenzierung wird im Sinne der leichteren Lesbarkeit in diesem Buch verzichtet.

Graz, Österreich Oliver Heun-Lechner
Frühjahr 2021

Inhaltsverzeichnis

1 Einführung — 1
   1.1 Trennen. Eine kontinuierliche Aufgabe — 2
   1.2 Vorzüge einer fairen und wertschätzenden Trennung — 4
   1.3 Trennungsmanagement — 7
   1.4 Trennungsprozess — 8
   Literatur — 11

2 Gesprächsplanung — 13
   2.1 Wer führt das Trennungsgespräch? — 14
   2.2 Wann wird das Trennungsgespräch geführt? — 16
   2.3 Wo wird das Trennungsgespräch geführt? — 18
   2.4 Wie wird das Trennungsgespräch angekündigt? — 19
   Literatur — 21

3 Gesprächsphasen — 23
   3.1 Informationsphase — 24
   3.2 Phase des Auffangen — 28
   3.3 Klärungsphase — 31
   Literatur — 34

4	**Sicherheitsaspekte in der Nachsorge**	35
	Literatur	38
5	**Gesprächsvorbereitung**	39
	5.1 Überbringen schlechter Nachrichten	40
	5.2 Trennungen verstehen (Psychologie des Trennens)	45
	5.3 Betroffene verstehen lernen	50
	5.4 Die eigene Person verstehen	54
	5.5 Botschaften und Kommunikationsregeln	58
	5.6 Warum ich?	62
	5.7 Informationspolitik und Sprachregelungen	68
	Literatur	71
6	**Wahrnehmung von Gerechtigkeit**	73
	6.1 Psychologischer Vertrag	74
	6.2 Prozedurale Prinzipien	76
	6.3 Gerechtigkeitsprinzipien	77
	Literatur	81
7	**Typologien**	83
	7.1 Selbstbeherrschte	84
	7.2 Geschockte	86
	7.3 Aufbrausende	88
	7.4 Verhandler	90
	Literatur	92
8	**Umgang mit Bleibenden**	93
	Literatur	99
9	**Nachbearbeitung des Trennungsgesprächs**	101
	Literatur	108
10	**Fazit**	111

1 Einführung

> **Was Sie aus diesem Kapitel mitnehmen können**
>
> - Weshalb personelle Trennungen nicht ausschließlich reaktive Maßnahmen sind.
> - Die wesentlichen Faktoren für einen erfolgreichen Trennungsprozess.
> - Worin der Nutzen einer guten Gesprächsvorbereitung liegt.
> - Warum eine faire und wertschätzende Haltung in Trennungsprozessen erforderlich ist.
> - Wie ein Profit in Trennungsprozessen entstehen kann.

Weiterentwicklungen und Anpassungen erfordern personelle Veränderungen in Organisationen als beständigen Prozess und sind daher die stetigen Begleiter im Wirtschaftsleben. Diese Veränderungen implizieren auch personelle Trennungen, die aus unterschiedlichen Gründen notwendig werden können. Abgesehen von außerordentlichen Kündigungen durch erhebliche Verfehlungen, können personelle Trennungen betriebsbedingt, verhaltensbedingt oder personenbedingt erfolgen.

Die Bemühungen nach fairen und wertschätzenden Trennungsprozessen sind seit einigen Jahren verstärkt zu erkennen und sind auch in den Fachmedien präsent. Dieser Trennungsansatz wird kaum noch kontrovers diskutiert.

Allgemein gilt, dass Trennungen eine anhaltende und kontinuierliche Managementaufgabe sind. Aus dem Blickwinkel der Personalentwicklung heraus betrachtet ist durch die Tetrade aus Trennung, Beschaffung, Bindung und Motivation eine aktive Planung von Trennungsprozessen erforderlich geworden. Die Grundsätze einer guten Unternehmensführung (Corporate Governance) und ein hohes Maß an Aufrichtigkeit sind für erfolgreiche Trennungen mit einem einvernehmlichen Ausgang maßgeblich. In der Vorbereitung auf Trennungsgespräche kann auch offensichtlich werden, dass sich Feedback-Kulturen verändern sollten und Führungsaktivitäten im Vorfeld dahin gehend Entwicklungsbedarf haben können. Bei all den wirtschaftlichen und gesellschaftlichen Verpflichtungen gegenüber den verschiedenen Stakeholdern, sollte der Fokus bei Trennungen dennoch auf die betroffenen Personen gerichtet werden! Der entgegengebrachte Respekt und die Wertschätzung gegenüber Betroffenen können für Unternehmen auch nachhaltig als Profit erkennbar werden. Eine absolute rechtliche Korrektheit ist eine conditio sine qua non für faire und wertschätzende Trennungskulturen.

Anmerkung: In diesem Buch definiert sich eine „Erfolgreiche Trennung" durch eine absolute rechtliche Korrektheit und durch eine ausgeprägte wertschätzende und faire Haltung gegenüber den ausscheidenden Mitarbeitern. Erfolgreich ist eine Trennung dann, wenn Reputationsschäden auf beiden Seiten bestmöglich vermieden worden sind, das Risiko möglicher Leistungsrückgänge von Bleibenden als minimiert gilt und einer ungewollten Fluktuation entgegengewirkt worden ist. Darüber hinaus kann eine einvernehmliche Lösung erfolgsrelevant sein, um Kündigungsanfechtungen ausschließen können.

1.1 Trennen. Eine kontinuierliche Aufgabe

Zugegebenermaßen stehen personelle Trennungen weder strategisch, noch im operativen Geschäftsleben ständig auf der Tagesordnung. Der Umstand der geringen Häufigkeit suggeriert uns, dass Trennungen in einer gewissen Weise einen Ausnahmestatus haben. Diese Wahrnehmung nimmt vielen Managern jedoch den klaren Blick darauf, dass Trennen eine kontinuierliche Managementaufgabe ist und auch ein wesentlicher, zukunftsweisender Bestandteil einer Unternehmensentwicklung ist (Andrzejewski, 2008, S. 7).

Die Tetrade aus Trennung – Beschaffung – Bindung und Motivation nimmt einen maßgeblichen Einfluss auf die Organisationentwicklung (OE). Um sich als Unternehmen den Anforderungen, der sich rasch verändernden Märkte, erfolgreich stellen zu können und dem aktuell vorherrschenden Fachkräftemangel entgegenzuwirken, gewinnen diese vier Faktoren im Kreislauf zunehmend an Bedeutung. Humanressourcen sind in qualitativer, wie auch quantitativer Sicht den Erfordernissen der volatilen Umwelten anzupassen. Aus diesem Ansatz heraus wäre es zu kurz gedacht, nur die aktuellen oder in naher Zukunft liegenden Erfordernisse zu fokussieren. Vielmehr sollten auch die mittelfristigen oder langfristigen Erfordernisse ähnlich stark berücksichtigt werden. Durch diese Tetrade wird sehr deutlich, dass das Personalmanagement und die Organisationsentwicklung mehr oder weniger zwangsläufig gefordert sind, operative und strategische Entscheidungen zu treffen, um den zukünftigen Anforderungen gerecht werden zu können. Die Entscheidungen hinsichtlich strategischer Gestaltung der Organisation sind faktisch im obersten Management angesiedelt (Berthel & Becker, 2017, S. 14). In Bezug auf diese Personalmanagementaufgaben bzw. auf diese Tetrade wird es verständlich und nachvollziehbar, dass Trennungen bis auf wenige Ausnahmen keine reaktiven Maßnahmen sind. Aus der Betrachtungsweise heraus sind personelle Trennungen vielmehr feste Bestanteile und Erfordernisse einer steten und proaktiven Organisationsentwicklung.

Die Thematisierung und Vermittlung dieses Umstands kann dazu beitragen, dem unternehmensinternen Schattendasein von Trennungen entgegenzuwirken. Dadurch kann es für das Management gegebenenfalls auch leichter werden, personelle Trennungen als klassische und kontinuierliche Führungsaufgabe glaubhaft intern zu vermitteln. Diese Betrachtungsweise und die Aussicht, dass Trennungen durch eine faire und wertschätzende Art und Weise zum Zugewinn für beide Seiten werden können, ist mitunter hilfreich um Ängste und

Vorbehalte von Entscheidern und ausführenden Organen zu mindern. Denn naturgemäß gelten diese erforderlichen Aufgaben als besonders anspruchsvoll und stellen auch erfahrene Führungskräfte vor ernst zu nehmende Schwierigkeiten.

1.2 Vorzüge einer fairen und wertschätzenden Trennung

Entscheidungen hinsichtlich personeller Trennungen werden mit Bedacht geprüft und abgewogen. In der Regel sind Führungskräfte in die Entscheidungsfindungen eingebunden. Was zu geschehen hat, steht nach der Entscheidungsphase fest und verschiedene Trennungsmodalitäten werden definiert. Ab dem Zeitpunkt der getroffenen Entscheidungenkann auf das „WAS" im Grunde kaum noch Einfluss genommen werden. Auf die Art und Weise, wie Trennungsgespräche geführt werden, haben Führungskräfte und das Management jedoch erheblichen Einfluss. Durch eine neutrale Haltung und Analyse wird meist offensichtlich, dass eine Vielzahl von Argumenten für Fairness und Wertschätzung sprechen. Im Zuge einer kritischen unternehmensinternen Prüfung, können kaum Faktoren festgestellt werden, die diesen Trennungsansatz behindern könnten. In diesem Zusammenhang nimmt das „WIE" im erweiterten Sinn Einfluss auf Trennungskultur und auf den zukünftigen Unternehmenserfolg. Fairness, Wertschätzung und Aufrichtigkeit kann im Nachgang einer Personalfreisetzung positiv auf wesentliche Faktoren, die mit unternehmerischen Kosten und Risiken eng verbunden sind, wirken.

Kostenfaktoren mit hoher Relevanz:

- Reputationsschäden
- Kündigungsanfechtungen
- Leistungsrückgänge bei Bleibenden
- Ungewollte Fluktuationen

Eine soziale Haltung und Verantwortung wirkt aber nicht lediglich auf den betroffenen Personenkreis, sondern im ähnlichen Ausmaß auch auf Organisationen und Ausführende. Die Folgewirkungen von personellen Trennungen hinsichtlich Reputationsschäden betreffen somit das Unternehmen, freigesetzte und verbleibende Mitarbeiter. In weiterer Folge können auch Kunden, Investoren, sowie die Gesellschaft davon betroffen sein. In diesem Zusammenhang ist hervorzuheben, dass Kündigungen bzw. Personalabbaumaßnahmen die Außenwirkung einer Organisation stark beeinflussen können. Dieser Umstand wirkt auf die Tetrade aus dem Abschn. 1.1, da die Personalbeschaffung durch eine Veränderung der Arbeitgebermarke (Employer Branding) möglicherweise erheblich erschwert wird. Durch gute Vorbereitung, Klarheit und einer fairen und wertschätzenden Haltung kann es nach Lieske (2020, S. 12) auch gelingen, ausscheidende Mitarbeiter als Markenbotschafter zu gewinnen.

Kündigungsanfechtungen zählen zu den Top Five Verfahrensgründen im Arbeitsrecht in der DACH-Region. Zwischen Arbeitnehmervertretern, Unternehmensführern und Juristen mit dem Schwerpunkt Arbeitsrecht herrscht in der Einschätzung im Grunde Einigkeit, dass in den vergangenen Jahren rund jede zehnte Kündigung angefochten wurde bzw. arbeitsrechtliche Schritte die Folge waren. Die Kosten können in diesem Zusammenhang für Unternehmen erheblich sein. Denn werden Kündigungsanfechtungsverfahren vom Arbeitgeber verloren, sieht der Gesetzgeber eine Weiterführung der Arbeitsverhältnisse vor. Alternativ und in der Praxis üblich sind Vergleichszahlungen ein probates Mittel, um eine Fortführung der Dienstverhältnisse abwenden zu können. Neben diesen direkten Kosten entstehen aber auch häufig durch Imageschäden, Gerüchte und interner Energiebindung hohe verdeckte Folgekosten. Daher ist es im Zuge von Trennungen dringend erforderlich fair zu agieren, um die Risiken dahin gehend mindern zu können.

Leistungsrückgänge sind bei im Unternehmen verbleibenden Mitarbeitern im Zusammenhang mit innerbetrieblichen personellen Veränderungen vermehrt und in unterschiedlichem Ausmaß zu beobachten. Leistungsrückgänge stehen mit den indirekten bzw. verdeckten Kosten von Trennungen in unmittelbarem Zusammenhang.

Diese messbaren Kosten können über einen längeren Zeitraum eine erhebliche Größenordnung erreichen. So ist es durchaus ratsam, diesem Kostenfaktor ein besonderes Augenmerk zu schenken. Die Gründe für Leistungsrückgange sind in vielen Fällen auf Unsicherheit, Ängste oder auch auf Gerechtigkeitsprinzipien aus der Gerechtigkeitsforschung zurückzuführen. Die Veränderungen und die damit in Verbindung stehenden Gründe für Leistungsabfälle wirken in diesem Kontext auf die Wertänderung oder den Motivationswert. Denn diese Art von Veränderungen werde naturgemäß einer Bedrohlichkeitsüberprüfung unterzogen und individuell passende Strategien werden entwickelt. Eine soziale und faire Verhaltensweise in Trennungsprozessen und Trennungsgesprächen unterstützt verbleibende Mitarbeiter dabei, besser mit den innerbetrieblichen Veränderungen umgehen zu können. Ungeachtet dessen ist es erforderlich mit Verbleibenden in den Dialog zu gehen, um Unsicherheiten zu reduzieren und um Verständnis für diese notwendigen Veränderungen entstehen zu lassen. In der Arbeit mit Bleibenden wird in vielen Fällen das Schaffen einer Aufbruchsstimmung als Ziel definiert. Neben internen Bemühen können auch externe Unterstützungsmaßnahmen hier ihren Einsatz finden, um verbleibende Mitarbeiter zurück zu ihrer Leistungsstärke führen zu können. (siehe auch Kap. 8).

Ähnlich verhält es sich mit den Risiken von ungewollten Fluktuationen. Auch diese Folgeaufwendungen werden den verdeckten Kosten zugeordnet. Neben dem Wissensverlust entstehen auch durch Personalbeschaffung, Einarbeitung und Schulungen erhebliche Mehrkosten. Unternehmen kalkulieren in diesem Zusammenhang nicht selten mit rund 10 % der Jahreslohnkosten eines Mitarbeiters. Rückmeldungen aus der Praxis zeigen in diesem Zusammenhang durchaus auch deutlich, dass Personalabbaumaßnahmen verstärkt auf das Vertrauensverhältnis zwischen Unternehmen bzw. Management und Mitarbeiter wirken. Die Folgen, wenn auch zeitverzögert, sind ungewollte Personalabgänge und sind abhängig vom Grad der Enttäuschung. Nachvollziehbare Erklärungen für Kränkungen und Enttäuschungen finden sich im Psychologischen Vertrag (siehe Abschn. 6.1). Denn in dieser „stillschweigenden Übereinkunft" wird von Arbeitnehmern implizit angenommen, dass Arbeitgeber ein hohes Bestreben haben, den Arbeitsplatz abzusichern. Glaubhafte Vermeidungsmaßnahmen im Vorfeld und ein fairer und sozialer Umgang mit Betroffenen erhöht die wahrgenommene Gerechtigkeit und in weiterer Folge auch die Akzeptanz von personellen Trennungen.

1.3 Trennungsmanagement

Die Planungen jener Maßnahmen, die mit personellen Trennungen in Verbindung stehen, sind in der Begrifflichkeit des Trennungsmanagements (TMgt) zusammengefasst. Trennungen sind erforderlich, um sicherzustellen, dass Organisationen mittelfristig jene Mitarbeiter beschäftigen, die die Zukunft der Unternehmen absichern können. Diese wichtige Aufgabe erfordert ein Trennungsmanagement. Im Allgemeinen sind Organisationen mit Trennungsprozessen weniger erfahren, als mit der Vielzahl anderer Personalmanagementaufgaben. Den Rückmeldungen von Ausführenden nach, werden Erfahrungen aus bereits realisierten Trennungsprozessen jedoch selten aktiv und weiterführend in Unternehmen thematisiert. Die Erkenntnisse und Erfahrungen daraus sind jedoch notwendig, um ein Trennungsmanagement für zukünftige Trennungsaufgaben weiterentwickeln zu können. Unternehmenswerte bekommen in diesem Zusammenhang einen außerordentlich hohen Stellenwert und werden daher unweigerlich auf ihre Wahrhaftigkeit überprüft.

Das Trennungsmanagement schließt alle Entscheidungen, Maßnahmen und Prozesse ein, die in Organisationen hinsichtlich eines Personalabbaus erforderlich werden. Ein Trennungsmanagement endet nicht mit der Übermittlung von Trennungsnachrichten, sondern endet nach der Stabilisierung der Einheit. Dadurch wird es offensichtlich, dass Trennungsverantwortungen nicht alleine dem Personalmanagement zugeordnet werden sollten, sondern aus einem strategischen Ansatz heraus vielmehr Bestandteil einer funktionierenden Organisationsentwicklung (OE) sind. In Organisationen sollte ein Personenkreis (Schlüsselfunktionen) namhaft gemacht werden, die Verantwortlichkeit dafür übernehmen und als beständige Ansprechpartner zur Verfügung stehen.

Die Hauptaufgabe eines Trennungsmanagements liegt in der Planung des gesamten Trennungsprozesses (siehe Abschn. 1.4) und nimmt ihren Anfang in der Entscheidungsfindung und endet in der Evaluierung. Um mögliche Schäden für Organisationen, aber auch für Betroffene zu verhindern, unterstützt ein zeitgemäßes Trennungsmanagement faire Entscheidungen und legt auf eine wertschätzende Grundhaltung wert. Nach Hanschitz (2016, S. 21) kann ein Arbeitsplatzverlust von Betroffenen zwar kaum zur Gänze als fair wahrgenommen werden, jedoch ist der Unterschied zwischen fairen und weniger fairen Entscheidungen relativ rasch erkennbar und die Folgewirkungen daraus sind messbar. Die Verantwortung dafür ist im Trennungsmanagement verankert. Fairness ist darüber hinaus auch ein wesentlicher Teil der Corporate Social Responsibility (CRS) und nimmt Einfluss auf die Arbeitgebermarke und auf die Corporate Identity (CI) der verbleibenden Mitarbeiter.

1.4 Trennungsprozess

Ein Trennungsprozess dient allgemein als Leitlinie im Zuge eines Personalabbaus und sollte im Detail den Gegebenheiten und Besonderheiten angepasst bzw. dahingehend entwickelt werden. Die einzelnen Prozessschritte sollten betriebsintern Abteilungen bzw. Personen klar zugeordnet sein, um Maß an Transparenz für Ausführende gewährleisten zu können.

Dieses Buch richtet seinen Fokus auf die Prozessphasen 2–4, siehe Abb. 1.1. Die Vorbereitung, die Gesprächsführung und die Nachsorge. Die Vorbereitungsphase schließt grundsätzlich auch die Auswahlkriterien, die Projektplanung und die Verhandlungen der Sozialpläne ein. In den folgenden Erläuterungen und in direktem Bezug zu den

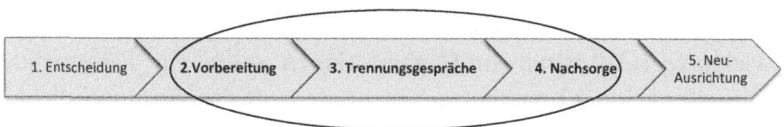

Abb. 1.1 Trennungsprozess in fünf Phasen. (Eigene Darstellung)

Trennungsgesprächen liegt das Hauptaugenmerk auf zwei Trennungsgesprächsrelevanten-Aufgaben.

Vorbereitungsphase (2)

- Maßnahmenplanung für Betroffene
- Gesprächsplanung und Vorbereitung

Die Planung sollte gewährleisten, dass Angebote und Maßnahmen für ausscheidende Mitarbeiter individuell getroffen werden können. So kann bspw. ein Angebot für eine psychologische Unterstützung für den Mitarbeiterhilfreich sein, für einen anderen Mitarbeiter wiederum kann eine Placement-Beratung deutlich stärker unterstützend wirken. Eine solide Vorbereitung und eine individuelle Auseinandersetzung mit dem Anlass und den betroffenen Personen ist für eine Gesprächsplanung eine erforderliche Voraussetzung, um möglichst fair und wertschätzend Trennungsgespräche führen zu können. Eine angemessene Vorbereitung kann Schäden verhindern, die im Nachgang nur schwer zu beheben sind. Im Wesentlichen sollten sich die Ausführenden mit ihren Gesprächspartnern (Betroffenen) im Vorfeld befassen und ihren personenbezogenen Wissensstand deutlich erhöhen. Nur so kann es gelingen, Gespräche individuell zu entwickeln und auch lösungsorientiert führen zu können. Beide Aufgaben in dieser Trennungsprozessphase stehen in enger Verbindung mit der sozialen Nachhaltigkeit. Nachhaltigkeit kann in diesem Kontext auch als rationales Wirtschaften betrachtet werden. Nach Achouri (2015, S. 150) ist es durchaus rational, Werten zu folgen. Aus dieser Sichtweise heraus stellt die soziale Nachhaltigkeit ein wesentliches Kriterium dar, um profitabel Wirtschaften zu können.

Gesprächsphase (3)

- Führen der Trennungsgespräche
- Angebote und Maßnahmen
- Vereinbaren von Folgeterminen
- Krisenintervention

Die Gesprächsphase gilt als Herzstück im Trennungsprozess. In dieser Phase geht es vor allem darum, die Willenserklärung des Arbeitgebers zu überbringen. Ganz allgemein betrachtet birgt diese Gesprächsphase ein hohes Risikopotenzial in sich. Ein hohes Maß an Individualität, Fairness und Wertschätzung können mögliche Folgeschäden, allem voran Reputationsschäden auf beiden Seiten, verhindern. Durch die Gesprächsvorbereitung in der Phase 2 sind Ausführende erst in der Lage, die richtigen bzw. individuell abgestimmten Angebote machen zu können und Maßnahmen zu setzen. Angebote werden in vielen Fällen im Detail erst in den Folgeterminen besprochen. Es empfiehlt sich, die Anzahl der Folgetermine im Vorfeld zu planen bzw. zu limitieren. In dieser Gesprächsphase sollte erkannt werden, ob und in welchem Umfang eine Krisenintervention erforderlich wird.

Nachsorgephase (4)

- Betreuung der Betroffenen
- Folgetermine
- Verhandlungen
- Deeskalation

Der Arbeitsplatzverlust ist eine Ausnahmesituation für Betroffene und wird in der Literatur mit dem Verlust des Partners, dem Verlust des Eigenheims oder mit schwerer Krankheit verglichen. Hier wird offensichtlich, dass eine Betreuung erforderlich werden kann. Wichtig ist in dieser Situation, dass Gespräche oder dahin gehende Aktivitäten angeboten werden und in weiterer Folge auch auf Freiwilligkeit beruhen. Folgetermine geben Raum für Betreuung und Verhandlungen. Verhandlungen sollte im definierten Zeitraum (Anzahl von geplanten Folgeterminen) abgeschlossen werden. Erfahrungen aus der Praxis zeigen, dass Verhandlungen deutlich schwerer zum Abschluss zu bringen sind, je länger die Gesprächsphase andauert bzw. je höher die Anzahl der definierten Folgetermine ist. Entscheidend für die Folgewirkungen von Trennungen ist auch der Deeskalationswillen der Ausführenden und der Organisationen.

Durch personelle Trennungen können auch Chancen für Unternehmen und Betroffene entstehen. Mögliche daraus entstehende Profite sind meist nicht unmittelbar erkennbar. Jedoch können in einer Rückbetrachtung Profite offensichtlich werden, wenn neueingeschlagene Wege durch mangelnde Fairness und Wertschätzendung nicht behindert wurden.

Die Gefahr für Schäden kann im imageschädigenden Verhalten von Mitarbeiter, die unfreiwillig die Organisation verlassen müssen, liegen. Wer dieses Verhalten schon erlebt hat, erkennt die Notwendigkeit von fairen und wertschätzenden Verhalten. Der Wille nach Deeskalation ist nicht nur im Sinne der Mitarbeiter, sondern auch im Sinne des Unternehmens eine conditio sine qua non (Achouri, 2015, S. 89).

Ihr Transfer in die Praxis

- Reflektieren Sie Ihre persönlichen Erfahrungen rund um personelle Trennungen und überprüfen Sie diese auf Fairness und Wertschätzung.
- Reflektieren Sie Trennungssituationen aus der erlebten Praxis oder aus Ihrem Umfeld und überprüfen Sie, ob Sie die verschiedenen Phasen aus dem Trennungsprozess erkennen können.
- Skizzieren Sie ein Trennungsmanagement, das Ihren persönlichen Vorstellungen am nächsten kommen würde.
- Stellen Sie sich die Frage, welche weiteren Vorteile durch eine faire und wertschätzende Trennung für Betroffene, Ausführende und für das Unternehmen entstehen können.

Literatur

Andrzejewski, L. (2008). *Trennungskultur und Mitarbeiterbindung. Kündigungen fair und nachhaltig gestalten* (3. Aufl.). Wolters Kluwer Deutschland GmbH.

Achouri, C. (2015). *Human Resources Management. Eine praxisbasierte Einführung* (2. Aufl.). Springer Gabler.

Berthel, J., & Becker, F. G. (2017). *Personal-Management. Grundzüge für Konzeptionen betrieblicher Personalarbeit* (11 vollständig überarbeitete Aufl.). Schäffer-Poeschl.

Hanschitz, M. (2016). *Menschen fair behandeln. Professionelles Trennungsmanagement & New/Outplacement*. Morowa.

Lieske, J. (2020). *Trennungsgespräche professionell führen*. Gabal.

2
Gesprächsplanung

> **Was Sie aus diesem Kapitel mitnehmen können**
>
> - Welche Bedeutung die Rahmenbedingungen für den Ausgang von Trennungsgesprächen haben.
> - Weshalb das Setting für Trennungsgespräche eine wohldurchdachte Planung erfordert.
> - Wie wichtig der Faktor Zeit hinsichtlich einer Gesprächsankündigung ist.
> - Welchen Stellenwert es für Betroffene hat, wer das Trennungsgespräch führt.

Das Setting für Trennungsgespräche ist mitentscheidend für den Ausgang und für die Folgewirkungen von personellen Trennungen. Ein Setting schließt im Wesentlichen die spezifische Gestaltung, die Gegebenheiten, die Räumlichkeiten und die Atmosphäre ein. Kündigende haben die Aufgabe die Betroffenen im Zuge dieses Gesprächs zu schützen. Sie sollten Sorge dafür tragen, dass Betroffene ihre Würde wahren können und keinen Gesichtsverlust erleiden. Trennungsgespräche sind naturgemäß klar und mitunter hart in der Sache, es obliegt aber den Verantwortlichen das Prozedere ordentlich und fair zu gestalten. Daher sollten in der Planung von Trennungsgesprächen vier grundsätzliche Fragen beantwortet werden:

1. Wer führt das Trennungsgespräch?
2. Wann wird das Trennungsgespräch geführt?
3. Wo wird das Trennungsgespräch geführt?
4. Wie wird es angekündigt?

Anmerkung: Ein Zugewinn kann im Zuge von personellen Trennungen für Organisationen, für Betroffene und auch Ausführende entstehen, wenn in der Ausführung dem WIE ein ähnlich großer Stellenwert zugemessen wird, wie dem WAS und dem WIEVIEL.

2.1 Wer führt das Trennungsgespräch?

In Gesprächen mit HR-Verantwortlichen, Führungskräften und auch Betroffenen ist immer wieder festzustellen, dass die Antworten auf diese Frage doch recht unterschiedlich ausfallen können. In diesem Zusammenhang wird berichtet, dass Trennungsgespräche von Führungskräften auch delegiert werden. So sind bspw. nicht selten Personalmanager die ausführenden Organe von Trennungsgesprächen. Aber auch gänzlich unbeteiligte (auch externe) Personen als Kündigende, oder die Trennungsnachricht per Briefpost sind keine Seltenheit.

Um faire und wertschätzende Trennungsgespräche führen zu können, sollten die direkten Vorgesetzten bzw. die direkten Führungskräfte die Willenserklärung der Trennung dem Betroffenen übermitteln. Die direkte Führungskraft ist in der Regel Ansprechpartner für nahezu alle Belange in einer aufrechten Arbeitsbeziehung. Wer würde in Trennungsgesprächen glaubwürdiger sein, als die direkten Vorgesetzten? Wer könnte sich besser und individuell auf dieses herausfordernde Mitarbeitergespräch vorbereiten, als die direkten Führungskräfte? Die Erfahrungen aus der Praxis, aber auch die Literatur empfehlen auch ein zusätzliches Hinzuziehen von HR-Mitarbeitern und/ oder auch von Arbeitnehmervertretern. Nach Hanschitz (2016, S. 33) ist diese

Konstellation als Ideallösung zu sehen, wobei anzumerken ist, dass im Zuge einer Massenkündigung oder bei mehreren Kündigungen an verschiedenen Orten diese Konstellation nicht immer möglich ist.

Diese oder ähnliche Konstellationen können in zweierlei Hinsicht von Vorteil sein. Zum einen spricht ein Sechsaugenprinzip für die rechtliche Absicherung, zum anderen lässt eine erweiterte Konstellation eine Rollenverteilung zu. Betroffenen fällt es in Trennungsgesprächen schwer, zwischen dem Überbringer und der eigentlichen Trennungsnachricht, zu differenzieren. So können beispielsweise Deeskalationsbemühungen oder Verhandlungen scheitern, da Betroffene die Rolle des Überbringers nicht verifizieren können. Die Ausführenden werden so zur „Persona non grata" und der Fortgang von Trennungsgesprächen kann gefährdet sein. Neben der Rollenverteilung wird es durch die Erweiterung des Personenkreises auch möglich, Reaktionen besser zu beobachten und in weiterer Folge lösungsorientierter darauf reagieren zu können.

Selbst sehr erfahrene Führungskräfte beschreiben die Aufgabe Trennungsgespräche zu führen als äußerst herausfordernd. Diese Belastung kann sich durch Nervosität, Schlaflosigkeit, Gereiztheit u. Ä. äußern. Andrezejewski (2008, S. 59) hat zu diesem Thema in seiner beruflichen Laufbahn rund 600 Interviews geführt und gemeinsam mit den Befragten reflektiert. Die Quintessenz daraus beschreibt er als Offenbarung und etwas humorvoll auch als Notstandsbericht. Er erklärt

Abb. 2.1 Sandwichposition von Kündigenden in Trennungsprozessen

den Umstand der Herausforderung und Belastung durch eine Auswahl möglicher Aspekte, die zur Selbstreflektion einladen.

- Mangelnde Erfahrung mit Trennungen
- Die eigene emotionale Betroffenheit
- Das Risiko für einen Argumentations-Notstand
- Mangelnde Harmonie
- Nicht vorhersehbare Reaktionen der Betroffenen
- Möglichkeit einer Existenzzerstörung

Auch die faktische Sandwichposition von Kündigenden kann die individuelle Belastung begründen. Denn Ausführende haben neben der Verantwortung gegenüber den Betroffenen auch die Interessen der Unternehmensleitung, des HR-Management und der Betriebsräte zu vertreten, siehe Abb. 2.1.

2.2 Wann wird das Trennungsgespräch geführt?

Über die Frage wann Trennungsgespräche geführt werden sollten, herrscht im Wirtschaftsleben, wie auch in der Literatur ein Stück weit Uneinigkeit. Die Präferenzen der Verantwortlichen sind unterschiedlich und werden kontrovers diskutiert. Hilfreich für eine Entscheidungsfindung kann sein, die Betroffenen mit ihren Bedürfnissen und Eigenheiten in einer individuellen Betrachtung in den Fokus zustellen. So können zeitlich gut passende Planungen möglicherwiese leichter vorgenommen werden. Auch die Sichtweise, dass ein einziges (Trennungs-) Gespräch in nur sehr wenigen Fällen ausreichend ist,- wird dazu beitragen, Zeitfenster zu definieren, die die Möglichkeit von Folgeterminen gewährleisten können.

Der Ansatz, Trennungsgespräche so zu legen, dass der Folgetag ein Arbeitstag ist, setzt sich in Unternehmen zunehmend durch. Diese Variante ermöglicht es, weiterführende Gespräche zeitnah führen zu können. Lieske (2020, S. 50) empfiehlt Trennungsgespräche grundsätzlich in den ersten Tagen einer Arbeitswoche zu führen, vorzugsweise an Vormittagen. Es ist davon abzuraten, Trennungsgespräche vor Wochenenden, Feiertagen oder geplanten Urlauben zu führen. Der Gedanke, dass Betroffene dadurch mehr Zeit hätten die Trennungsnachricht besser zu verarbeiten, birgt mehr Gefahren als Nutzen in sich. Ein wesentlicher Grund diese Terminwahl zu vermeiden, ist die Fürsorgepflicht der Organisation gegenüber den Betroffenen. Das Kriterium der Sicherheit ist in diesem Zusammenhang wesentlich, denn es ist Aufgabe des Unternehmens mögliche damit in Verbindung stehenden Gefahren zu vermeiden bzw. diesen entgegenzuwirken. Speziell die Fürsorgepflicht hinsichtlich der Heimfahrt von Betroffenen sollte planerisch berücksichtigt werden. Es gilt zu bedenken, dass ein Arbeitsplatzverlust eine Traumatisierung zur Folge haben kann. Aus diesem Grund können die rationalen Handlungsweisen von Betroffenen in hohem Maß beeinträchtigt werden. Die Folgen daraus reichen von Aktivitäten, die den Organisationen hinsichtlich Daten, Kundenkontakten und anderen von Frust, Wut und Kränkung getrieben Handlungen, schaden können. Viel schwerwiegender sind aber jene Handlungen betroffener Menschen, die dadurch selbst deutlichen Schaden nehmen können. In Ausnahmefällen können Gewalttaten oder gar Suizid die reaktiven Folgemaßnahmen sein. Daher sollten Termine gefunden werden, die im Nachgang Maßnahmen zur Krisenintervention zu lassen.

Darüber hinaus sollten Kündigende bei der Terminwahl berücksichtigen, dass Betroffene nicht immer in der Lage sind die Trennungsnachricht bewusst und rational aufzunehmen. Daher kann es sinnvoll sein, nach der Übermittlung der Trennungsnachricht weitere (Gesprächs-) Optionen zu schaffen. In diesem Kontext sollte in der Planung auch die Dauer von Trennungsgesprächen Berücksichtigung finden. Für ein gut und professionell vorbereitetes erstes Trennungsgespräch (Übermittlung der Trennungsnachricht), sollte eine Dauer von rund 30 min angedacht werden. Für Ausführende sollte es aber Gebot der Stunde sein, vor und nach dem Gespräch ausreichend zeitliche Ressourcen einzuplanen bzw. zu reservieren, um auf Unvorhersehbares auch dementsprechend reagieren zu können. Denn im Sinne der Fairness sollte Betroffenen auch jene Zeit gegeben werden, die sie für mögliche emotionale Reaktionen benötigen.

2.3 Wo wird das Trennungsgespräch geführt?

Vielleicht erscheint die Frage nach dem richtigen Ort etwas trivial. Passende Entscheidungen dahin gehend zu treffen, wird in der Praxis aber häufig unterschätzt. Daher liegt die Gefahr darin, dass dieser Planungsaufgabe nicht die erforderliche Wichtigkeit zugeordnet wird.

Die Wahl der Räumlichkeiten beeinflusst die Atmosphäre und somit auch das Gespräch selbst. Durch die aktuelle Entwicklung von Raumkonzepten, Richtung Open Space und Großraumbüros, wurde die Anzahl der Einzelbüros in vielen Unternehmen deutlich reduziert und Besprechungsräume werden im Sinne von Transparenz gerne gut einsehbar konzipiert.

Ausführende und Planende sind gefordert Räumlichkeiten zu finden, die im besten Fall für Betroffene ein Maß an Vertrautheit aufweisen. So wäre bspw. das Büro des direkten Vorgesetzten, sofern vorhanden, auf den ersten Blick eine gute Wahl. Es gibt darüber hinaus aber noch andere Aspekte, die Berücksichtigung finden sollten, da die Reaktionen von Betroffenen schwer vorhersehbar sind. Um die Würde von Betroffenen wahren zu können, sollten die Räume, in denen Trennungsgespräche geführt werden, nicht einsehbar und auch nicht „hellhörig" sein. Es ist ein Gebot der Wertschätzung, dass es Betroffenen möglich sein sollte ihren emotionalen Reaktionen, geschützt vor fremden Blicken, freien Lauf zu lassen. Andernfalls würden dadurch auch nicht betroffene Personen bzw. Kollegen als Zuseher und womöglich Zuhörer in eine unangenehme Situation mit negativen Folgewirkungen gebracht werden. Nicht unwesentlich ist auch die Lage der Räumlichkeit. Müssen Betroffene womöglich durch ein Großraumbüro zu ihrem Trennungsgespräch gehen und etwas später in einem angeschlagenen emotionalen Zustand den Rückweg antreten? Solche oder ähnliche Umstände gilt es zu vermeiden und sind in der Planung dringend zu berücksichtigen.

Orte außerhalb des Unternehmens müssen in der Planung nicht grundsätzlich ausgeschlossen werden.

2.4 Wie wird das Trennungsgespräch angekündigt?

Wenn ein nun gut passendes Zeitfenster für ein Trennungsgespräch definiert worden ist, stehen Planende vor einer weiteren Herausforderung. Wann und in welcher Form sollen Betroffene über das anstehende Gespräch informiert werden? Das ist eine durchaus schwierige Aufgabe, denn im Grunde ist eine der Wahrheit entsprechende Terminvereinbarung kaum möglich bzw. nicht förderlich.

Zum einen ist es aus arbeitsrechtlichen Aspekten wichtig sicherzustellen, dass der Mitarbeiter zum Zeitpunkt X physisch verfügbar ist und terminlich nicht anderwärtig verplant ist. Zum anderen sollte das Zeitfenster zwischen Ankündigung und dem Trennungsgespräch bewusst klein gehalten werden, um möglichen Ängsten und Befürchtungen wenig Zeit und Raum zu geben. Ängste, Unsicherheit und Vermutungen nehmen in vielen Fällen Einfluss auf die emotionale Stabilität der Betroffenen. Je stabiler Betroffene mit einer Trennungsnachricht konfrontiert werden, desto leichter wird ihnen der Umgang mit dieser Ausnahmesituation fallen.

Der Kreativität der Planenden ist in diesem Zusammenhang kaum eine Grenze gesetzt. Wobei aber immer deutlich sein sollte, dass eine Ankündigung ohne Angabe des tatsächlichen Gesprächsinhalts moralisch bedenklich ist. Es wäre aber moralisch auch durchaus grenzwertig, dieses Gespräch ohne Ankündigung zu führen. Diese Vorgehensweise birgt das Risiko in sich, dass es zu einer Absage oder Verschiebung des Termins kommen könnte. Zusätzlich würden Betroffenen aus einer Normalsituation unmittelbar in eine Ausnahmesituation überführt werden, ohne dass sie sich im Vorfeld in irgendeiner Art und Weise auf ein Gespräch mit dem Vorgesetzten einstellen können.

In der Praxis haben sich zwei Herangehensweisen etabliert. Eine Möglichkeit ist eine kurzfristige Terminvereinbarung mit einem maximalen Vorlauf von 24 h. Als kommunizierter Inhalt für die Gesprächsvereinbarung bieten sich beispielsweise folgende Begründungen an: *Vertrauliche oder persönliche Angelegenheit* oder auch ein *persönlicher Austausch*. Die Kurzfristigkeit lässt weniger Möglichkeiten für detaillierte Nachfragen hinsichtlich der Inhalte zu und Betroffenen bleibt verhältnismäßig wenig Zeit, sich Anlass bezogen den Kopf darüber zu zerbrechen. Eine zweite Möglichkeit wäre, einen bereits vereinbarten Termin (bspw. ein Wochen- oder Monatsmeeting) dafür zu nutzen. Unabhängig davon, welche der beiden Varianten präferiert wird, sollten Ausführende davon ausgehen, dass Betroffene durchaus ahnen werden, dass dieses Gespräch keinen positiv besetzen Inhalt haben wird.

Gleichwohl beide Varianten moralisch nicht frei von Bedenken sein können, soll es Ziel sein, Betroffene im Vorfeld nicht zu verängstigen bzw. nicht zu irritieren (Heun-Lechner, 2020, S. 38). In diesem Zusammenhang ist es auch wichtig zu erwähnen, dass zwischen einer Terminankündigung und dem Gesprächstermin keine Wochenenden oder Feiertagskonstellationen liegen sollten.

Andrzejewski (2008 S. 165) empfiehlt Ausführenden sich in diesem Zusammenhang auf mögliche Fragen vorzubereiten und die Antworten darauf so allgemein wie möglich zu halten. Typische Fragen in diesem Kontext:

- Was kann ich für diesen Termin vorbereiten?
- Worum geht es in diesem Termin?

Ihr Transfer in die Praxis

- Überlegen Sie bitte, von wem Sie persönlich eine Trennungsnachricht annehmen könnten.
- Überprüfen Sie, welche Räumlichkeiten sich in Ihrem (beruflichen) Umfeld für Trennungsgespräche anbieten würden.
- Zeichnen Sie gedanklich eine Zeitschiene, wann in einer Arbeitswoche ein Trennungsgespräch geführt und zu welchem Zeitpunkt darüber informiert werden sollte.
- Definieren Sie gedanklich ein Trennungssetting, das die Faktoren Wertschätzung und Fairness so gut wie irgend möglich abbildet.

Literatur

Andrzejewski, L. (2008). *Trennungskultur und Mitarbeiterbindung. Kündigungen fair und nachhaltig gestalten* (3. Aufl.). Wolters Kluwer Deutschland GmbH.

Hanschitz, M. (2016). *Menschen fair behandeln. Professionelles Trennungsmanagement & New/Outplacement.* Morowa.

Heun-Lechner, O. (2020). *Kündigung. Faires und wertschätzendes Trennen.* Springer Gabler.

Lieske, J. (2020). *Trennungsgespräche professionell führen.* Gabal.

3
Gesprächsphasen

> **Was Sie aus diesem Kapitel mitnehmen können**
>
> - Wie wichtig klare Satzkonzepte für die Übermittlung einer Trennungsnachricht sind.
> - Dass die Art und Weise und jede einzelne Information im Gespräch Einfluss auf den weiteren Verlauf einer Trennung nimmt.
> - Weshalb die Abfolge der Gesprächsphasen entscheidend für den Ausgang von Trennungsgesprächen ist.
> - Warum eine kongruente und glaubwürdige Information ein wesentlicher Bestandteil eines erfolgreichen Trennungsmanagements ist.

Es wäre kurzsichtig davon auszugehen, dass Trennungen von Mitarbeitern in einem einzigen Gespräch „erledigt" werden können. Die Besonderheiten der ausführenden und betroffenen Personen sind nicht alleine dafür ausschlaggebend. Die entscheidenden Faktoren für die Anzahl der Folgegespräche sind vor allem die Klarheit in den Informationen und die umfänglichen Klärungen. Unabhängig von der Anzahl der Termine, gliedert sich ein Trennungsgespräch in drei Phasen. In die Informationsphase, in die Phase in der das Auffangen von Betroffenen im Mittelpunkt steht und in die Klärungsphase, siehe

Abb. 3.1. Diese Abfolge ist entscheidend für den Ausgang und für die Folgewirkungen von Trennungen. Exemplarisch dafür ist, dass beispielsweise eine Klärung kaum ohne ein Auffangen möglich sein wird.

3.1 Informationsphase

Eine gute und detaillierte Planung alleine ist kein Garant dafür, dass Trennungen ohne negative Folgewirkungen realisiert werden können. Trennungs- bzw. Kündigungsgespräche sind die praktischen Herausforderungen und der zentrale Baustein im gesamten Trennungsprozess. Sämtliche Informationen und vor allem die Art und Weise der Gesprächsführungen haben unterschiedlichste Auswirkungen zur Folge. Es wird daher erforderlich, der Information und Kommunikation ein besonderes Augenmerk zu widmen. Eine Vielzahl von wissenschaftlichen Studien zeigen, dass glaubwürdige, nachvollziehbare und kongruente Informationen eine positive Auswirkung auf den Verlauf eines Trennungsprozesses haben können.

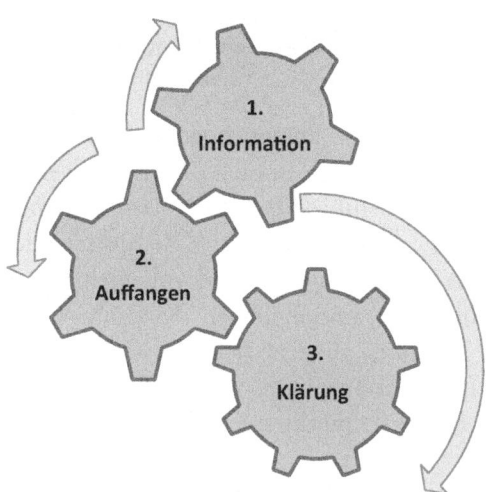

Abb. 3.1 Die drei Phasen von Trennungsgesprächen

3 Gesprächsphasen

Kommunikations- und Informationsfallen in Trennungsgesprächen wirken stark auf die Folge und den Ausgang von Freisetzungen. Aufgrund der Häufigkeit in der Praxis sind folgende „Stolpersteine" ohne Anspruch auf Vollständigkeit besonders zu beachten;

- Bruchstückhafte Information
- Informationsvakuum
- Kommunikation ausschließlich auf der rationalen Ebene
- Mangel an Aussprache auf der Beziehungsebene
- Mangelnde Kongruenz
- Keine Information über den Wissensstand der Unternehmensleitung hinsichtlich der Trennung
- Vernachlässigung schriftlicher Informationen
- Ausschließlich individuelle Trennungsbegründungen

Wie in einem vorherigen Kapitel bereits erwähnt, sollten Kündigende davon ausgehen, dass Betroffene im Gespräch nicht immer in der Lage sind, Informationsinhalte zur Gänze aufzunehmen. Um diesen möglichen Umstand erfolgreich entgegenwirken zu können, sollten nach Andrzejewski (2008, S. 182) Kommunikationsregeln festgelegt werden.

Die drei wesentlichen Kommunikationserfordernisse im Trennungsgespräch:

- Klarheit und Deutlichkeit
- Offenheit und Wahrhaftigkeit
- Verständlichkeit und Stimmigkeit

Kündigenden ist in diesem Zusammenhang auch zu empfehlen, Sätze tendenziell kurz zu halten bzw. die Komplexität der Sprache zu reduzieren. Das theoretische Wissen und die Berücksichtigung der Kommunikationserfordernisse ist eine solide Basis und Grundvoraussetzung für die Gesprächsführung. Aber auch der persönlichen Haltung von Ausführenden sollte eine ähnlich wichtige Bedeutung zugemessen werden. Eine respektvolle, achtungsvolle und wertschätzende Haltung trägt vor allem dazu bei, die Würde der Betroffenen zu schützen. Als Steigbügel für die Gesprächsvorbereitung, kann eine klare Differenzierung zwischen dem betroffenen Menschen und dem betroffenen Mitarbeiter dienen. Kündigende können durch diese Haltung den Selbstwert des betroffenen Menschen wahren. Der Schutz des Wertes kann weiterführende Gespräche positiv beeinflussen und kann mögliche Reputationsschäden auf beiden Seiten vermeiden. Eine Mischung zwischen einer wertschätzenden Lenkung und einem tendenziell partnerschaftlichen Stil kann ein probater Ansatz dafür sein, siehe Abb. 3.2. Betroffenen wird so ein etwas anderer Standpunkt zugestanden, ohne dass die Wertschätzung darunter leidet. Der eigene Standpunkt des Kündigenden wird dennoch klar und deutlich vertreten.

> *Termination should end the job, not the man!* (William J. Morin, Mitbegründer der ersten Outplacements in den USA).

Die Gesprächseröffnung sollte nicht auf die leichte Schulter genommen werden. Auch erfahrenen Führungskräften und HR-Managern ist es daher zu empfehlen, die Gesprächseröffnung akribisch vorzubereiten. Ein wesentlicher Unterschied zu anderen Mitarbeitergesprächen besteht darin, dass auf die beiden üblichen Faktoren „Smalltalk" und „den Gesprächspartner ankommen lassen" verzichtet werden sollte. Weshalb? Kündigende laufen dadurch nicht Gefahr, die Gesprächsführung zu verlieren und vermitteln in der Einleitung die Ernsthaftigkeit des Termins.

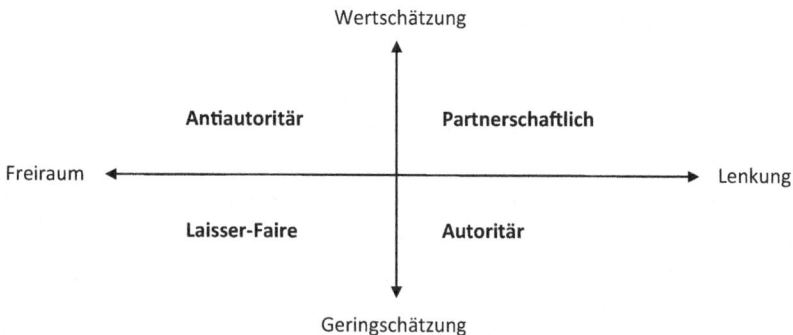

Abb. 3.2 Die Wertschätzung in Trennungsgesprächen nach Weisbach (2001)

Daher ist ein unvermittelter Einstieg für ein Trennungsgespräch typisch und zielführend.

- Ich habe heute eine negative Mitteilung für Sie …
- Ich überbringe Ihnen heute eine schlechte Nachricht …
- Der Grund, weshalb ich Sie heute zu diesem Termin eingeladen habe, ist unerfreulich für Sie …

Kündigenden wird an dieser Stelle auch geraten, sich bereits im Vorfeld des Gesprächs die ersten (einleitenden) Worte genau zu überlegen. Zwischen den neutralen ersten Eröffnungsworten und der Vermittlung der Trennungsbotschaft liegen meist nur ein paar Augenblicke. Dieser Umstand gibt Gesprächsführern wenig Möglichkeit zu improvisieren. Daher sind Ausführende gut beraten, sich die ersten fünf Sätze ggf. auch in Schriftform zurechtzulegen und auch in gesprochener Form zu üben. Dabei ist zu beachten, ausschließlich in der ICH-Form zu kommunizieren. Die ICH-Form trägt dazu bei, ein Gespräch auf Augenhöhe führen zu können. Formulierungen, wie „das Unternehmen hat beschlossen", „man ist übereingekommen" sollten keine Verwendung finden.

Es sollte auch vermieden werden, unnötig lange um den „heißen Brei" herumzureden. Vielmehr ist es zielführend, die Trennungsabsicht in rund fünf Sätzen zu übermitteln. Diese Knappheit in der Kommunikation erfordert eine gute Vorbereitung. Ausführende sollten in „ihrer gewohnten Sprache" formulieren. Die Klarheit ist entscheidend, um eindeutig und verständlich die Willenserklärung der Trennung vermitteln zu können.

Beispiele zur Übermittlung der Willenserklärung:

- Ich beende heute unsere berufliche Zusammenarbeit …
- Ich beende heute das Dienstverhältnis mit Ihnen …
- Ich kündige heute das Dienstverhältnis unter Einhaltung der vorgegebenen Fristen …
- Nach interner Abstimmung habe ich beschlossen den Arbeitsvertrag mit Ihnen heute zu lösen …

Die Sprache hat in Trennungsgesprächen eine überaus große Bedeutung. Wenn die Worte mit Bedacht gewählt sind, wird die Balance zwischen Achtsamkeit und Klarheit gelingen. Unbedachte Äußerungen können in möglichen arbeitsrechtlichen Auseinandersetzungen Einfluss auf den weiteren Verlauf nehmen (Hanschitz, 2016, S. 41). Ähnlich dem gesprochenen Wort ist die Körpersprache ein Instrument der Kommunikation, das Reaktionen beeinflusst oder anstößt. Der US-Psychologe Albert Mehrabian konnte in seinen Untersuchungen feststellen, dass rund 55 % der Informationen im Gespräch durch die Körpersprache vermittelt werden, 38 % über die Stimme und lediglich 7 % über den Inhalt. Daher sollten in diesem Zusammenhang Wortwahl und Körpersprache so gut als möglich in Einklang kommen.

Anmerkung: Eine achtsame Ausdrucksweise, Klarheit und eindeutige Aussagen sind entscheidend für den Gesprächsausgang. Zu beachten ist, dass zwischen Klarheit und Härte ein sehr deutlicher Unterschied liegt und das gilt es im Trennungsgespräch zu beachten und in der Vorbereitung zu bedenken.

3.2 Phase des Auffangen

Die Reaktionen von Betroffenen in Trennungsgesprächen sind so unterschiedlich wie die Menschen selbst. Emotionen treten zu Tage, die unkontrolliert bzw. unbegleitet in vielerlei Hinsicht ein gewisses Gefahrenpotenzial in sich bergen können. Das Auffangen von gekündigten Mitarbeitern ist eine soziale Aufgabe und kann in einem erweiterten Sinn auch als eine Art Emotionsregulation verstanden werden. In dieser Phase der Trennung ist es die Aufgabe von Ausführenden „Brücken" für Betroffene zu bauen.

Die Reaktionen sind im Vorfeld von Kündigungsgesprächen schwer einzuschätzen. Daher ist ein hohes Maß an Reaktionsflexibilität für Ausführende erforderlich. Die Bandbreite der Reaktionen reicht von Wut und Aggression, bis hin zu Tränen und Verzweiflung. Selbst Betroffene, die auf Grund der Trennungsnachricht im tiefsten Inneren erleichtert sind, werden in einer ersten Reaktion möglicherweise konträre Verhaltensweisen zeigen.

Die (körpersprachlichen-) Reaktionen von Betroffenen im Trennungsgesprächen stehen in enger Verbindung mit den vier Grundinstinkten: Angriff, Flucht, Schutz und Unterwerfung und werden in dieser Ausnahmesituation häufig zu Tage gefördert. Das Wissen rund um diese vier Reaktionstypen kann Kündigenden in der Vorbereitung von Trennungsgesprächen helfen, das eigene und übliche Verhalten daraufhin zu überprüfen. Ausführende sind gut beraten sich in der Gesprächsvorbereitung geeignete eigene Verhaltensweisen auf die verschiedenen Reaktionen zurechtzulegen, um die Situation entschärfen zu können und dadurch den Boden für Folgegespräche zu ebnen.

Die Zeit ist auch gut investiert, Überlegungen anzustellen, woran die körpersprachlichen Reaktionen erkannt werden können.

Typische körpersprachliche Reaktionen und Verhaltensweisen
Eine Angriffsreaktion lässt sich bspw. in vielen Fällen durch den direkten Augenkontakt und durch die tendenzielle Bewegung des Oberkörpers nach vorne erkennen. Die gesamte Muskulatur wirkt meist angespannt und Körper- und Sprachvolumen nehmen in der Regel zu. Hände werden gerne auf den Tisch gelegt und eine „Kämpferfalte" zwischen den Augen kann sichtbar werden.

Die körpersprachlichen Reaktionen für ein Fluchtverhalten können an einem unruhigen hin – und her Wandern von Kopf oder Augen bemerkt werden. Die Bewegungen des Oberkörpers wirken ausweichend und Sitzflächen werden nur teilweise genutzt. Das Tempo der Sprache erhöht sich mitunter. Unterlagen werden zur Seite geschoben und Zehenspitzen zeigen häufig Richtung Türe oder Fenster.

Für eine Schutzreaktion ist ein verschlossener Mund symptomatisch. Oberkörper und Kopf weichen nach hinten zurück und Schultern werden zum Schutz hochgezogen. Arme verschränken sich und die Stimme der Betroffenen neigt dazu, leiser zu werden. Auch werden Unterlagen gerne als „Schutzschild" verwendet und vor den Brustkorb gehalten. Die Beine werden in dieser Situation gerne übereinander geschlagen.

Eine Unterwerfung kann dadurch erkannt, dass sich der Kopf des Betroffenen nach unten neigt. Die Schultern wandern ebenfalls nach unten und es scheint in vielen Fällen so, als ob sich das gesamte Körpervolumen etwas verkleinert. Die Bewegungen der Betroffenen wirken sehr vorsichtig und die Stimme wird leise. Die Oberschenkel werden aneinander gepresst, die Unterschenkel wandern jedoch auseinander.

Lieske (2020, S. 62) empfiehlt Kündigenden in Trennungsgesprächen die Reaktionen der Betroffenen einfach auszuhalten und auf Kommentare und Bewertungen dringlich zu verzichten. Denn hier liegt eine latente Gefahr, dass auf Äußerungen neue und erschwerende Reaktionen von Betroffenen folgen. Selbiges gilt für Mitleidsbekundungen wie bspw.: „Das ist jetzt schwer für Sie, aber Sie kommen sicher bald mit der neuen Situation zu Recht!"

Vielmehr ist aktives und empathisches Zuhören ein probates Werkzeug des Auffangens. Eine emotionale Distanz und die bewusste Nutzung des Raumes zwischen Reiz und Reaktion kann Kündigende dabei unterstützen,- von emotionalen Äußerungen leichter Abstand nehmen zu können.

In einer Krisen- bzw. Stresssituation stehen Mensch und Tier zur Bewältigung, unbewusst und unwillkürlich, drei Funktionen zur Verfügung.

- Die schnelle Bewertung
- Die Verhaltensvorbereitung
- Die Kommunikation

Der wesentliche Unterschied bei uns Menschen liegt in der Emotions-Kontrolle. Unser Bewusstsein ermöglicht es uns zu disponieren. Hinsichtlich Trennungen und nach Sokolowski (2013, S. 242) treten die kommunizierten Inhalte in das Bewusstsein von Betroffenen ein und werden als Emotionen erkannt und stehen dann in weiterer Folge zur Disposition. Betroffene, die in der Lage sind diese Emotionen zu bewerten, werden mit einer Trennung ggf. leichter umgehen können, als Menschen die dazu nicht in der Lage sind. Werden die Emotionen, die in Verbindung mit einer Trennung stehen, von Betroffenen als unangemessen bewertet, werden diese aktiv und eigenständig versuchen Veränderungen anzustreben. Gekündigte, die dazu weniger in der Lage sind, benötigen daher in vielen Fällen deutlich mehr an Unterstützung.

Verhaltensempfehlungen für Ausführende in der Auffangphase;

- Geben Sie Betroffenen die Möglichkeit sich auszusprechen.
- Vermeiden Sie es Betroffene zu unterbrechen.
- Versuchen Sie Augenkontakt zu halten.
- Geben Sie Wertschätzung durch aktives zuhören.
- Bleiben Sie sachlich.
- Tun Sie alles, damit Betroffene ihr Gesicht und ihre Selbstachtung wahren können.
- Räumen Sie die Möglichkeit ein, dass Betroffene ihren Emotionen freien Lauf lassen können.
- Vermeiden Sie Diskussionen und Verhandlungen.
- Nutzen Sie den Zeitraum zwischen Reiz und Reaktion um innezuhalten.

Trennungsgesprächen können gerade in der Informationsphase eskalieren. Auch wenn Eskalationen wie bspw. nervliche Zusammenbrüche, ernst zu nehmende Drohungen oder gar Suizid-Absichten die Ausnahmen sind, sollten präventiv Vorkehrungen für Deeskalationsmaßnahmen getroffen werden. Ausführende sollten geeignete und vertrauenswürdige Personen, unabhängig der Betriebszugehörigkeit, im Vorfeld informieren und versuchen eine verbindliche Verfügbarkeit zu gewährleisten. Im Sinne der Verantwortung sollten Betroffene in dieser Art von Ausnahmezustand auf keinen Fall unbeaufsichtigt bleiben.

3.3 Klärungsphase

Um in die Phase der Klärung übertreten zu können, ist es erforderlich, dass Betroffene für weiterführende Gespräche zugänglich (geworden) sind und die inhaltliche Sachlage zum großen Teil rational erfasst werden konnte. Die Klärungsphase wird in diesem Kontext gerne mit einer Zielgeraden verglichen. Die wesentlichen Inhalte dieser Phase sind die Regelungen der Trennung und die Offenlegung der Trennungskonditionen (Lieske, 2020, S. 67).

Trennungsmodalitäten umfassen ein weites Feld und können auch Themen wie weiterführende Ausbildungen, externe Unterstützungen im Arbeitssuchprozess bis hin zu Regelungen hinsichtlich möglicher Firmendarlehen inkludieren.

Empfehlung aus der Praxis für die Praxis: Mit der Klärung und den Verhandlungen hinsichtlich der Austrittsmodalitäten ist der Begriff „Kompromissfindung" eng verwoben. Für Ausführende, wie auch Betroffenen bietet sich alternativ ein Blickwinkel an, der die Fairness in den Verhandlungen möglicherwiese fördern kann. Denn die Differenzierung zwischen Kompromiss und **Interessensausgleich** verdeutlicht das Ziel der Verhandlungen und kann eine Verlustwahrnehmung bei Betroffenen reduzieren.

Wesentliche und übliche Fragestellung, die es zu klären gibt:

- Wann wird das Dienstverhältnis final beendet und wie ist die Zeit bis dorthin zu gestalten?
- Entscheidung hinsichtlich Freistellung und (Übergabe-) Aktivitäten.
- Wie wird der Umgang mit Resturlaubstagen und Überstunden geregelt?
- Umgang mit Projektübergaben und Wissenstransfer.
- Umgang mit Boni-Zahlungen und zusätzlichen Abfindungszahlungen.
- Interne und externe Kommunikation der Personalveränderung.
- Inhalte von Dienstzeugnissen und die Möglichkeiten für Referenzen.
- Rückgabe von Laptop, Mobiltelefonen und allgemeine Sicherheitsthemen.

Sollten die betroffenen Mitarbeiter zu diesen Punkten keine Fragen haben, sollte im Sinne von Fairness und Wertschätzung ein Folgetermin zu einem späteren, aber zeitnahen Zeitpunkt vereinbart werden. Denn dieser Umstand könnte darauf hinweisen, dass Betroffenen in ihrer Situationsbewältigung noch nicht in der Lage sind, sich mit diesen Details auseinanderzusetzen. Denn die Frage: „Wie geht es weiter?", sollte vorzugsweise gemeinsam und auf Augenhöhe geklärt werden und setzt eine rationale Bewältigung der Situation und ein Maß an Gesprächsbereitschaft voraus. Wenn Betroffene beginnen, Fragen zu stellen und Klärungen einzufordern, ist das in vielen Fällen als klare Bereitschaft und als deutliche Aufforderung zur Klärung zu verstehen und erfordert eine proaktive Haltung der Ausführenden.

- Was möchten Sie genau wissen?
- Wollen wir uns gemeinsam ansehen, wie und in welcher Form es für Sie weitergehen kann?

Sachlich betrachtet ist es Ziel dieser Klärungsphase, Gesagtes in eine Schriftform zu bringen und final vom Betroffenen gegenzeichnen zu lassen. Bereits ausformulierte und fertig gestellte Vereinbarungen können unter Umständen einen negativen Einfluss auf die Klärung haben, da die Selbstbestimmung der Betroffenen auf den ersten Blick im Grunde ausgeschlossen ist. Um betroffene Mitarbeiter leichter „ins Boot zu bekommen", bieten sich in der Klärung handschriftliche oder ausgedruckte Notizen an, die zur Durchsicht übergeben werden können. Diese Vorgangsweise signalisiert: „Wir suchen gemeinsam nach Lösungen", zeigt Vertrauen und Kooperationsbereitschaft und ermöglicht es Getrennten, die Modalitäten mit Vertrauten im privaten Umfeld zu besprechen.

Anmerkung: Für Gesprächsführer ist hinsichtlich Details ein hohes Maß an Vorsicht geboten. Versprechungen und Angebote sollten im Vorfeld freigegeben sein. „Rückzieher" erschweren oder gefährden den weiteren Ausgang einer fairen und wertschätzenden Trennung.

Ihr Transfer in die Praxis

- Überlegen Sie sich Satzkonzepte, um die Trennungsnachricht klar kommunizieren zu können.
- Überprüfen Sie Ihre üblichen Reaktionen auf Angriff, Flucht, Schutz und Unterwerfung.
- Reflektieren Sie, wie ein Auffangen für Sie persönlich aussehen sollte.
- Skizzieren Sie, auf welche Art und Weise Betroffene zielführend und emphatisch in einer Klärungsphase begleitet werden können.

Literatur

Andrzejewski, L. (2008). *Trennungskultur und Mitarbeiterbindung. Kündigungen fair und nachhaltig gestalten* (3. Aufl.). Wolters Kluwer Deutschland GmbH.

Hanschitz, M. (2016). *Menschen fair behandeln. Professionelles Trennungsmanagement & New/Outplacement.* Morowa.

Lieske, J. (2020). *Trennungsgespräche professionell führen.* Gabal.

Sokolowski, K. (2013). *Allgemeine Psychologie für Studium und Beruf.* Pearson Deutschland GmbH.

4

Sicherheitsaspekte in der Nachsorge

> **Was Sie aus diesem Kapitel mitnehmen können**
>
> - Dass die Nachsorge ein sicherheitsrelevanter Baustein im Trennungsprozess ist.
> - Weshalb eine verbindliche Ressourcen-Planung erforderlich ist.
> - Warum Tandem-Gespräche zielführend sind.
> - Voraussetzungen und Empfehlungen für ein verantwortungsvolles Handeln.

Reflexartige Verhaltensreaktionen, welcher Art auch immer, sind nach der Überbringung der Trennungsbotschaft auch nach Nerdinger, Blickle & Schaper (2019, S. 72) zu erwarten. Die Unmittelbarkeit und die Ungewissheit hinsichtlich der Reaktionsart lässt es für Ausführende nicht immer zu, entsprechend und zielorientiert zu interagieren. Der emotionale Zustand von Betroffenen kann in diesem Zusammenhang Affekt-Handlungen zu Tage fördern, die auch mit hohen Risiken verbunden sein können. Die Sicherheit am Arbeitsplatz, die Vernichtung von Daten und Unterlagen, oder Gefahren auf dem nach Hause Weg sind nur einige Beispiele dafür. Lebensgefährdende Handlungen sind Ausnahmen, aber eben nicht zur Gänze auszuschließen. Ausführende sollten sich bereits im Vorfeld der Trennungsgespräche mit diesen wesentlichen Fragestellungen auseinandersetzen:

- Ist eine Rückkehr der Betroffenen an den angestammten Arbeitsplatz unmittelbar nach dem Trennungsgespräch vertretbar?
- Treten die betroffenen Mitarbeiter ihren nach Hause Weg alleine an?
- Wer sind die ersten Ansprechpartner nach dem Überbringen der Trennungsbotschaft?
- Was geschieht in den nächsten 30 min?
- Haben die betroffenen Personen einen vertrauten und vor allem verfügbaren Ansprechpartner?
- Von wem werden die Betroffenen in den nächsten Tagen begleitet?
- Welchen Gefahren sind Betroffene, Ausführende und das Unternehmen ausgesetzt?

Selbst in einer exzellenten Vorbereitung können selten alle Antworten auf alle Fragen gefunden werden. Ein spontanes oder intuitives Handeln der ausführenden Organe kann womöglich Risiken minimieren. Dennoch besteht die latente Gefahr, dass Affekt-Handlungen nachhaltig Schäden anrichten können. Folgetermine, zeitnah nach den Erstgesprächen, sind ein erprobter und erfolgreicher Lösungsansatz, um den Sicherheitsaspekten gerecht werden zu können. Folgetermine können in derselben personellen Konstellation, oder auch in erweiterter Form stattfinden. Das Hinzuziehen anderer Personen ist insofern erfolgversprechend, da der Überbringer der Trennungsbotschaft in einer Doppelrolle (Überbringer der Trennungsbotschaft und Unterstützer) weniger effizient sein kann. Andrzejewski (2008, S. 166) verwendet in diesem Kontext den Terminus „Tandemgespräch". Der Begriff Tandemgespräche hat seinen Ursprung in einer Sprachlernmethode, in der sich zwei Personen mit unterschiedlichen Muttersprachen die Sprache des anderen beibringen. In ähnliche Form sollte in der Nachsorge, explicit in den Folgeterminen, miteinander umgegangen bzw. gearbeitet werden.
Empfehlungen für Nachsorgetermine

- Zeitnah und auch ohne Aviso
- Gute Vorbereitung erforderlich
- Ressourcen Planung: Wer hat wann verbindlich dafür Zeit?
- Nicht unmittelbar vor Wochenenden oder Feiertagen
- Sicherheitsaspekte sollten vorab abgeklärt werden
- Interne Abstimmung hinsichtlich Kommunikation und Sprachregelung
- Nicht abends
- Vermeidung von Jahrestagen und Jubiläen

Nachsorgetermine sollten so früh wie irgend möglich nach der Vermittlung der Trennungsbotschaft stattfinden. Ausführende Organe sollten noch vor den Trennungsgesprächen Termine und Möglichkeiten fest einplanen, um Nachsorgetermine umgehend und verbindlich anbieten zu können. Selbiges gilt für die Verfügbarkeit eines erweiterten Personenkreises (Betriebspsychologe, Placement-Berater, Coach, Vertrauensperson, Betriebsräte etc.). Der Weg nach Hause sollte für Betroffene, wenn möglich, „abgesichert" werden.

Empfehlung aus der Praxis für die Praxis: Verbindlichkeit und Verantwortung! Kündigende können sich nach Lieske (2020, S. 75) im Nachgang über das Befinden der betroffenen Personen erkundigen. Ein Aviso bzw. eine diesbezügliche Information vorab, für einen Anruf oder einen persönlichen Kontakt am selben Tag abends oder am darauffolgend Tag morgens zeigt Verantwortung und Wertschätzung. Diese Handlungsweise kann auch einer Traumatisierung entgegenwirken.

> **Ihr Transfer in Praxis**
> - Skizzieren Sie mögliche Gefahren, denen Betroffene ohne Nachsorge ausgesetzt sein könnten.
> - Definieren Sie für das Unternehmen drei Sicherheitsaspekte, die im Zuge von Trennungsgesprächen zu berücksichtigen sind.
> - Welche Ihnen bekannten Personen könnten Sie und Betroffene in Form eines Tandemgesprächs unterstützen?
> - Wer sollte (präventiv) zum Zeitpunkt der Trennungsgespräche im Unternehmen verbindlich verfügbar sein?

Literatur

Andrzejewski, L. (2008). *Trennungskultur und Mitarbeiterbindung. Kündigungen fair und nachhaltig gestalten* (3. Aufl.). Wolters Kluwer Deutschland GmbH.

Lieske, J. (2020). *Trennungsgespräche professionell führen*. Gabal.

Nerdinger, F. W., Blickle, G., & Schaper, N. (2019). *Arbeits- und Organisationspsychologie* (4. Aufl.). Springer.

5 Gesprächsvorbereitung

> **Was Sie aus diesem Kapitel mitnehmen können**
>
> - Weshalb eine gute Vorbereitung für Trennungsgespräche unabdingbar ist.
> - Grundkennnisse zur erfolgreichen Vermittlung von schlechten Nachrichten.
> - Erklärungen zum Reaktionsverhalten von Gekündigten.
> - Hinweise zur eigenen Rolle und den damit verbundenen Konflikten und Spannungszuständen.
> - Zusammenhänge zwischen dem Überbringen schlechter Nachrichten und der wahrgenommenen Fairness.
> - Hilfestellungen für die Erklärungsnot: „Warum ich?"

Allgemein betrachtet wäre es eine Verletzung der Verantwortung gegenüber Organisationen und den Betroffenen, wenn ausführende Personen unvorbereitet in Trennungsgespräche gehen würden. Denn jeder einzelne Schritt in personellen Trennungsprozessen löst Konsequenzen aus. Ablehnungen, Zusagen und unvorhersehbare Reaktionen verändern den Fahrplan in einem Trennungsprozess. Eine solide Vorbereitung ist erforderlich, um auf jegliche Veränderungen bestmöglich reagieren zu können. Vergleichbar mit der gesamten Trennungsprozessvorbereitung sind Trennungsgespräche individuell bzw. auf Personen abgestimmt zu entwickeln (Heun-Lechner, 2020, S. 34).

Nach Lieske (2020, S. 43) beruht der Erfolg von gut geführten Trennungsgesprächen auf den Faktoren der Vorbereitung, Führung und Wertschätzung, siehe Abb. 5.1. Die Vorbereitung schließt auch die Gesprächsplanung ein, die im Kap. 2 beschrieben ist. Dieser Abschnitt des Buches widmet sich aber in einer fokussierten Form den menschlichen Aspekten, deren Rollen, Verhalten und Reaktionen. Es wäre hier auch zu kurz gegriffen, das Schlaglicht ausschließlich auf Betroffene zu richten. Denn die Verantwortung einer Organisation impliziert in diesem Zusammenhang auch die kündigenden bzw. ausführenden Personen.

5.1 Überbringen schlechter Nachrichten

Schlechte Nachrichten sind nach Robert J. Bies, Professor an der Georgetown University, Informationen, die zu Verlustwahrnehmungen bei den Empfängern der Nachricht führen können. Darüber hinaus bewirken sie bei Betroffenen kognitive, emotionale, aber auch verhaltensbezogene Verluste.

Führungskräfte bzw. Vorgesetzte sind es durch ihre Aufgaben und Verantwortungen in der Regel gewohnt auch schlechte Nachrichten zu übermitteln. Meist in Form von Kritikgesprächen oder in

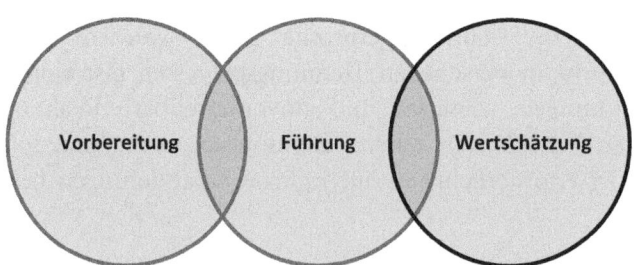

Abb. 5.1 Faktoren für ein erfolgreiches Trennungsgespräch

leistungsbezogenen Feedbacks. Als Routinen stehen im operativen Wirtschaftsleben schlechte Nachrichten auch mit negativen Antworten auf Bitten und Anfragen in enger Verbindung. Ein deutlich anderes Gewicht bekommen jedoch schlechte Nachrichten, wenn sie in Zusammenhang mit personellen Trennungen stehen. Das begründet sich hauptsächlich aus dem Umstand heraus, dass Betroffenen Leid widerfährt und sachliche Inhalte um Emotionen ergänzt werden. So werden diese Nachrichten zur schwerwiegenden Belastungen für Sender und Empfänger. Innerhalb einer Vorgesetzten-Untergebenen-Kommunikation dienen Trennungsnachrichten der Steuerung und Koordinierung innerhalb einer Organisation. Im Zuge der Vermittlung von schlechten Nachrichten treten deutlich häufiger Verzerrungen in der Informationsweitergabe auf, als bei positiven Nachrichten. Nerdinger et al. (2019, S. 71) gehen davon aus, dass dieser Umstand womöglich der Angst der Ausführenden geschuldet ist, da Überbringer befürchten mit der schlechten Nachricht assoziiert zu werden. Aber auch die Beziehung zwischen Vorgesetzten und betroffenen Mitarbeiter kann diese Verzerrung fördern, da das Vertrauen im Zuge einer Trennung Schaden nehmen kann.

Robert J. Bies hat festgestellt, dass nahezu alle Ausführenden ihre Aktivitäten darauf ausrichten, schlechte Nachrichten positiver darzustellen bzw. wirken zu lassen. Diese Bemühungen haben das Ziel, den Ärger bei betroffenen Mitarbeitern zu reduzieren und das Gefühl einer fairen Behandlung auszulösen.

Neben dem allgemeinen prozeduralen Ablauf einer Trennung können weitere Faktoren die wahrgenommene Fairness erhöhen:

- Vorbereitete Warnungen
- Nachvollziehbare Erklärungen
- Mitsprache einräumen

Die Übermittlung der Trennungsnachricht erfordert in der Gesprächseröffnung eine „vorbereitete Warnung". Diese Art an Vorwarnung sollte die betroffenen Mitarbeiter auf die Ernsthaftigkeit des Gesprächs vorbereiten bzw. einstimmen. Gesprächseröffnungen wie beispielsweise: „Ich habe heute eine schlechte Nachricht für Sie!" erhöhen aus psychologischer Sicht die Vorhersehbarkeit der Nachricht und können daher mildernd auf mögliche Schock-Zustände wirken. Eine ähnliche Wirkung kann durch eine kurzfristige Terminvereinbarung (siehe Abschn. 2.4) erzielt werden.

Empfänger einer Trennungsnachricht erwarten unabhängig der Verarbeitungsdauer der Nachricht und des Schocks eine nachvollziehbare Erklärung. Geeignete Erklärungen nehmen Einfluss auf die wahrgenommene Gerechtigkeit. Die Abgrenzung zwischen Trennungsgrund und Erklärung ist in der Definition eine Gradwanderung. Erklärungen sollten in diesem Zusammenhang den Faktor „Nachvollziehbarkeit" im Fokus haben.

Anmerkung: Der Umgang mit Trennungsbegründungen ist aus rechtlicher Sicht länderspezifisch zu behandeln. So ist beispielsweise in Österreich, im Gegensatz zu anderen Ländern, keine Nennung der Gründe für personelle Trennungen von Gesetzeswegen erforderlich.

Aber auch die Gerechtigkeitsprinzipien aus der Gerechtigkeitsforschung sind neben den prozeduralen Prinzipen Argumentationsfelder, die positiv auf die wahrgenommene Fairness wirken können. So werden Beitragsprinzipien gerechter wahrgenommen, wenn die geleisteten Beiträge aus der Vergangenheit der Betroffenen Berücksichtigung finden und im Vergleich mit anderen Mitarbeitern stehen. Hier ist das Gleichgewicht zwischen Beitrag und Ertrag maßgeblich. Persönliche Beiträge der Betroffenen sollten in jedem Fall gewürdigt werden. Das hat auch Gültigkeit bei verhaltensbedingten Trennungen.

Eine ähnliche Wirkung haben auch Erklärungen, wenn die Trennungsentscheidungen auf die Bedürftigkeit (Alleinerzieher, Alleinverdiener etc.) anderer Mitarbeiter abgestimmt wurden. Auch dieser Ansatz kann die wahrgenommene Gerechtigkeit und Fairness erhöhen. Nachvollziehbarkeit in einer individuellen Abstimmung ist in der Vorbereitung des Gesprächs das Schlüsselwort, um förderliche Erklärungen geben zu können. Nach Shaw et al. (2003) sollten Erklärungen aber auf alle Fälle eher den Charakter einer Entschuldigung haben und nicht einer Rechtfertigung gleichkommen.

Das inhaltliche Gerüst, wie Angebote und Trennungsmodalitäten, werden im Trennungsprozess in Form einer Leitlinie festgelegt. Die faktische Umsetzung ist aber abhängig von den Reaktionen, den Zusagen und allgemein vom Einverständnis der Betroffenen. In Trennungsgesprächen sollten Ausführende mit Ablehnungen, Bitten und Forderungen der betroffenen Mitarbeiter rechnen. Das kann in Trennungsprozessen den geplanten Verlauf hinsichtlich Modalitäten und Konditionen deutlich verändern.

Das Einräumen von Mitsprachemöglichkeiten fördert zum einen die wahrgenommene Fairness und Gerechtigkeit von betroffenen Mitarbeitern und wirkt andererseits auch positiv auf eine raschere Lösungsfindung. Denn durch eine einseitige Herangehensweise, ausschließlich durch Angebote und Korrekturen von Ausführenden, könnten sich Trennungsprozesse deutlich und unnötig in die Länge ziehen. Eine Aussage wie: „Ich würde mich gerne mit Ihnen über die weitere Vorgehensweise und über Modalitäten unterhalten", kann auch in einer Ausnahmesituation als Einladung zum Dialog verstanden werden. Der erste Eindruck von absoluter Fremdbestimmung kann durch das Einräumen von Mitsprachemöglichkeiten ein Maß an Mitbestimmung vermitteln und erhöht das Gefühl einer fairen Behandlung auf Augenhöhe. Neben Modalitäten und Konditionen können Mitsprachemöglichkeiten hinsichtlich interner und externer Information und Kommunikation, sowie durch das Mitgestalten des Abschieds, positiven Einfluss auf den weiteren Verlauf einer Trennung nehmen.

Als Hilfestellung in der Vorbereitung bietet sich für die Vermittlung schlechter Nachrichten ein Blick auf das Konzept des Bad-News-Trainings an. Dieses Training fußt auf einigen Merkmalen der organisationalen Gerechtigkeit nach Greenberg (2011). Hierfür wurden weiterführende Studien durchgeführt, die speziell die formalen Fähigkeiten zur Übermittlung von schlechten Nachrichten verbessern soll. Die Ergebnisse zeigen, dass durch vermittelte Fairness die negativen Reaktionen von betroffenen Mitarbeitern (Empfänger) reduziert werden können.

Bad-News-Training nach Richter et al. (2016).
Fairness vermitteln

- Eindeutige Aussagen
- Unparteilichkeit
- Objektivität
- Nachvollziehbare Begründungen
- Aussprechen lassen: Betroffenen Raum und Zeit geben
- Respekt
- Wertschätzung

Richtig kommunizieren

- Gesprächsvorbereitung
- Störfaktoren beseitigen
- Nachricht direkt vermitteln
- Gründe der Entscheidung verdeutlichen
- Weitere Vorgehensweise besprechen
- Gespräch zusammenfassen

Gefühle ernst nehmen

- Emphatisches Zuhören
- Geeignete Fragen stellen
- Gefühle und Reaktionen „aushalten"

Ihr Transfer in Praxis

- Formulieren Sie Gesprächseröffnungen, um durch die Vorwarnung einen möglichen Schock mildern zu können.
- Überlegen Sie sich realistische Mitsprachemöglichkeiten für Betroffene.
- Versuchen Sie nachvollziehbare Trennungserklärungen zu skizzieren.
- Definieren Sie Aussagen, die für die Vermittlung von Fairness förderlich sind.
- Überprüfen Sie für sich, ob das „Bad News Training" alle Fairness relevanten Faktoren beinhaltet.

5.2 Trennungen verstehen (Psychologie des Trennens)

Um Trennungsgespräche erfolgreich führen zu können, ist ein tiefergreifenderes Grundverständnis für Trennungen erforderlich. Die Auseinandersetzung mit der Psychologie einer Trennung ist ein wesentlicher Baustein in der Vorbereitung und auch eine Investition in die eigene persönliche Entwicklung. Folgewirkungen, explicit Traumatisierungen, können durch ein gesteigertes Verständnis für Trennungen maßgeblich und positiv beeinflusst werden. Faire und wertschätzende Trennungsgespräche werden erst durch diese erforderliche Grundvoraussetzung möglich.

Eine personelle Trennung kann unterschiedlichste Ängste in unterschiedlichem Ausmaß auslösen. Betroffene erleben durch die Vermittlung der Trennungsabsicht oder Nachricht eine starke Bedrohung und werden in ihrer Wahrnehmung mit erheblichen Verlusten konfrontiert. In Summe eine Ausnahmesituation, die in manchen Fällen zum einschneidenden Erlebnis in einem ganzen Berufsleben werden kann. Trennungen im Berufsleben werden selten vergessen und sind im Semantischen-Gedächtnis eines Menschen fortwährende Begleiter. Trennungen beeinflussen nicht nur das weitere Berufsleben der Betroffenen maßgeblich, sondern auch ihr Privatleben und das damit verbundene Umfeld in vergleichbarem Ausmaß.

Im allgemeinen Sprachgebrauch sprechen wir beim Verlust des Arbeitsplatzes von einem Schicksalsschlag. In der Literatur (Andrzejewski, 2008, S. 229) wird die Tragweite eines Arbeitsplatzverlusts mit Schicksalsschlägen wie dem Verlust eines Familienmitglieds, Verlust des Eigenheims, schwere Krankheit und Scheidung verglichen. Jedoch ist der Verlust eines Familienmitglieds ein nahezu fester Bestandteil im Leben eines Menschen. Andrzejewski beschreibt so eine Art von Schicksalsschlag etwas salopp als „gesellschaftsfähig"! Dem Verlust eines Arbeitsplatzes hingegen, wird nicht immer diese Art von Gewöhnlichkeit zugesprochen. In Folge kann ein deutlich verändertes Verhalten in der Gesellschaft (bspw. ehemalige Kollegen, Geschäftspartner, Freunde und Nachbarn) gegenüber Betroffenen beobachtet werden.

Der Beruf, die Arbeit ist ein wesentlicher Bestandteil im Leben. Eine Vielzahl von Menschen ordnen den Beruf vielen anderen Dingen und Lebensbereichen über. Sie definieren sich über ihre berufliche Tätigkeit und Position. Die Integration in einer Organisation bzw. innerhalb einer (Arbeits-) Gruppe kann Menschen starken Halt, Selbstbewusstsein und ein gestärktes Selbstwertgefühl geben. Der Verlust des Arbeitsplatzes greift das Selbstbewusstsein, sowie das Selbstwertgefühl an und Planungen für die Zukunft werden durch diesen Schicksalsschlag rasch obsolet. Nach einem Jobverlust ist eine persönliche Definition über Einfluss und Macht am Arbeitsplatz und über den beruflichen Status faktisch nicht mehr möglich. Für Betroffene zerbricht ein Lebenskonzept.

Verständlich werden die Folgen einer Trennung im Berufsleben auch anhand der Bedürfnispyramide nach Maslow, siehe Abb. 5.2. Das hierarchische angeordnete fünf Stufenmodell verdeutlicht, dass ein Arbeitsplatzverlust die gesamten Bedürfnisse eines Menschen bedrohen kann.

Selbst Grund- bzw. Existenzbedürfnisse, wie „Essen & Trinken", können bspw. auch in Europa in besonderen Fällen durch einen Job-Verlust temporär und ernst zu nehmend bedroht werden. Grundsicherungsthemen hinsichtlich Einkommen, Heim, Verpflichtungen

Abb. 5.2 Bedürfnisse nach Maslow

gegenüber der Familie und der Gesundheit werden auch in sehr gutsituierten Verhältnissen häufig als hoch bedrohlich wahrgenommen. Im subjektiven Erleben sind Ängste und Befürchtungen rund um soziale und gesellschaftliche Bereiche häufig, aber auch der Verlust von Anerkennung, Freiheit und Selbstverwirklichung belasten Betroffene erheblich.

Der tiefe Einschnitt im Leben nach dem Überbringen einer Trennungsnachricht wird im Begriff des Trennungstraumas zusammengefasst. Getrennte Betroffene sind in einem angeschlagenen emotionalen Zustand gefordert einen Bewältigungsprozess in Gang zu setzen. Dieser Prozess erfordert einen ausgeprägten Eigenantrieb, sowie eine hohe Resilienz. Ängste, Befürchtungen und eine mögliche daraus resultierende Lethargie sind jene Faktoren, die Betroffene für einen Prozessstart zu bewältigen haben, siehe Abb. 5.3.

Um die Psychologie des Trennens besser und in vertiefter Form verstehen zu können, bietet sich für Ausführende in der Vorbereitung auch die Auseinandersetzung bzw. ein Blick auf die Beispiele der folgenden vier Themenfelder an.

- Subjektives Erleben einer Trennung
- Psychische Reaktionen von Betroffenen
- Soziale Dysregulation
- Ego-Themen

Das subjektive Erleben einer Trennung In diesem Zusammenhang können ausschließlich Betroffene selbst subjektiv erleben. Daher ist es für ausführende Personen im Vorfeld wichtig, sich mit den Möglichkeiten des subjektiven Erlebens auseinanderzusetzen. Denn Kündigende können das subjektiv Erlebte nur durch das Verhalten von Betroffenen

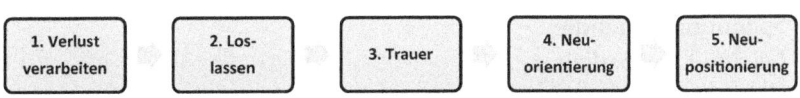

Abb. 5.3 Bewältigungsprozosse nach einem Arbeitsplatzverlust

erahnen. Das Verhalten der Betroffenen wird den Ausführenden im Nachgang von Trennungsgesprächen, getrieben von Ängsten und Bedrohungen, allerdings häufig verborgen bleiben.
Betroffene können Trennungen wie folgt erleben;

- Persönliche und familiäre Bedrohung
- Bedrohung der gesamten Existenz
- Misserfolg
- Nicht gebraucht werden
- Statusverlust
- Verlust von Kollegen und Freunden
- Verlust des gesellschaftlichen Ansehens
- Versagen
- Beschädigtes Selbstwertgefühl
- Deutlich gestörte berufliche Kontinuität
- Wahrnehmbarer Schaden im Lebenslauf

Die psychischen Reaktionen von Betroffenen Ein Blick auf die Möglichkeiten von psychischen Reaktionen und psychosomatische Auffälligkeiten, wie Betroffene eine Trennung wahrnehmen können, kann Einblick auf die Folgen des psychischen Erlebens von Betroffenen geben. Die Reaktionen darauf sind deutlich vielfältiger, als die hier angeführten und bekannten Reaktionen und haben keinen Anspruch auf Vollständigkeit.

- Depressionen
- Antriebslosigkeit
- Ängste
- Schlafstörungen
- Unruhe
- Labilität
- Spannungszustände
- Leichte Erregbarkeit
- Zittern

Soziale Dysregulation Regulationsstörungen im sozialen Verhalten von Betroffenen lässt sich durch verschiedene Symptome beobachten und sind dem subjektiven Erleben nach einer Trennung geschuldet. Sie beeinflussen auch maßgeblich den Bewältigungsprozess (siehe Abb. 5.3). Speziell bei jenen Personen, deren Eigenantrieb und deren persönliche Resilienz schwach ausgeprägt sind. Denn dieser Personenkreis würde in der Regel eine externe Unterstützung zur Bewältigung benötigen. Ein sozialer Rückzug erschwert und verzögert die Bewältigung von: Verlust verarbeiten, Loslassen, Trauer, Neuorientierung und Neupositionierung.

Mögliche soziale Regulationsstörungen nach beruflichen Trennungen:

- Rückzug aus dem sozialen Umfeld (Desozialisierung)
- Deutliche Zurückhaltung bei neuen Kontaktoptionen
- Passivität im allgemeinen Umgang mit Mitmenschen
- Gänzlicher Kontaktverlust zur „Außenwelt"

Ego-Themen Diese zeichnen sich durch Veränderungen in der Persönlichkeit ab. Da Trennungen auch auf das private Umfeld wirken, können eben auch nahestehende Personen mit den Persönlichkeitsveränderungen konfrontiert werden. Ein abgeänderter bzw. angepasster Umgang mit Betroffenen wird dadurch erforderlich und erschwert in manchen Fällen auch die Hilfestellung von außen. Die Neuorientierung und Neupositionierungsbemühungen im Zuge einer Arbeitssuche können dadurch stark beeinträchtigt werden. Die Folgewirkungen von Trennungen können nach einer Studie von Schmitz (1998), der über 200 Fälle nach einer personellen Trennung ausgewertet hat, folgende sein: Handlungsblockaden, ausgeprägtem Selbstzweifel, sowie eine zu ausgeprägte kritische Selbsteinschätzung.

Mögliche Persönlichkeitsveränderungen:

- Geringe Selbstsicherheit
- Mangelndes Selbstwertgefühl
- Wahrgenommener Kompetenzverlust
- Resignation

Background Information: Auch, wenn die medizinischen Symptome in diesem Buch nicht weiter Berücksichtigung finden, treten diese parallel und häufig zu den psychischen Trennungsreaktionen auf. Die möglichen auftretenden Symptome sind vergleichbar mit medizinischen Schock-Symptomen, die in Verbindung mit Unfällen oder Operationen stehen.

Ihr Transfer in Praxis
- Überprüfen Sie die Gefährdung Ihrer persönlichen Bedürfnisse nach einem möglichen Arbeitsplatzverlust.
- Welches subjektive Trennungserleben wäre in Bezug auf Ihre eigene Person denkbar?
- Formulieren Sie schadensminimierende Argumentationen und Botschaften für Betroffene.
- Selbstreflektion: Meine persönlichen Gefühle nach einem unvermittelten Arbeitsplatzverlust.

5.3 Betroffene verstehen lernen

Betroffene verstehen, durch besser kennenlernen. In vielen Arbeitsbeziehungen sind die privaten Hintergründe von Betroffenen zumindest oberflächlich bekannt. Hintergrunde, Bedürfnisse, Sorgen und Verpflichtungen können Vorgesetzten, wie auch Kollegen aber auch über Jahre hinweg verborgen bleiben. Um Trennungen wertschätzend und fair vollziehen zu können, erfordert es Interesse, (Hintergrund-) Wissen und vor allem Zeit. Daher sollten für eine solide Vorbereitung ausreichende zeitliche Ressourcen eingeplant werden. Ausführende sollten genau wissen, wem sie am Tage X gegenübersitzen werden und wem ein großes Stück an Lebensgrundlage durch dieses Gespräch entzogen wird. Es ist auch zu bedenken, dass aus einem Trennungsgespräch in weiterer Folge auch eine „Verhandlungsgespräch" werden kann. Kenntnisse über Hintergründe und Bedürfnisse sind Faktoren, die in der Klärungsphase Abschn. 3.3 hinsichtlich Fairness, Wertschätzung und einer erfolgreichen (und einvernehmlichen) Einigung unterstützen können.

Mitarbeiter mit einer langen Betriebszugehörigkeit und mit dem vermeidlichen Status nahezu unkündbar zu sein, erfordern meist tiefere Kenntnisse, da das Machtgefälle in Verhandlungen deutlich flacher sein kann. Allgemein werden Modalitäten und Konditionen, die auf die individuellen Bedürfnisse zugeschnitten sind, von Betroffenen als attraktiver wahrgenommen. In den Sozialplänen von groß angelegten Entlassungen ist diese Individualität im „Tailoring" nicht immer möglich. Ganz allgemein kann aber nur das Wissen hinsichtlich persönlicher Bedürfnisse und Hintergrundthemen und der Umgang damit in der Gesprächsführung bei betroffenen Personen „attraktiv" wirken, da die wahrgenommene Fairness dadurch erhöht wird.

In Gesprächsvorbereitung sollten sich Ausführende mit drei Themenfeldern befassen.

- Persönliche Situation der Betroffenen
- Finanzielle Situation der Betroffenen
- Chancen im Zuge der beruflichen Neuorientierung

Die persönliche Situation der Betroffenen Die Betrachtung der persönlichen Situation der betroffenen Mitarbeiter sollte zweigeteilt erfolgen. Einerseits unternehmensrelevant, andererseits gilt es das private und persönliche Umfeld zu beleuchten.

Für unternehmensrelevante Informationen können die Durchsicht der Personalakte und der Dialog mit Vorgesetzten und Betriebsräten hilfreich sein. Die Dauer der Betriebszugehörigkeit und der berufliche Werdegang sind Basiswissen für ein Trennungsgespräch. Ansehen, Macht, aber auch die persönliche Verankerung in Teams und Abteilungen sind relevante Grundinformationen. Diese können Aufschluss darüber geben, in welchem Ausmaß „nicht materielle Angebote", wie bspw. die Mitsprache in der internen und externen Kommunikation und die Gestaltung der Ausstiegsszenarien, attraktiv sein können. Wie bereits in vorhergehenden Kapiteln erwähnt, sollten Erfolge, Leistungen bzw. allgemein geleistete Beiträge für das Unternehmen in Trennungsgesprächen gewürdigt werden. Auch wenn in einer Trennungsphase tendenziell gemachte Fehler für die Begründungen einer Trennung im Vordergrund stehen, ist eine neutrale wohlgesonnene Sichtweise auf Erfolge und Leistungen notwendig. Selbst bei verhaltensbedingten Kündigungen oder auf Grund von

Verfehlungen ist es hoch wahrscheinlich, dass auch diese betroffenen Mitarbeiter Beiträge für den Fortbestand und den Erfolg der Organisation geleistet haben. Eine Würdigung dieser Umstände ist wesentlich, um ein Maß an Wertschätzung und Fairness signalisieren zu können. Betroffene Mitarbeiter können die Würdigung als eine Art von Dankeschön verstehen. Wahrscheinlich nicht unmittelbar im Zuge der Vermittlung der Trennungsbotschaft, sondern gegebenenfalls erst zu einem späteren Zeitpunkt. Eine Würdigung kann den Fortgang im Bewältigungsprozess fördern. Der Frage, weshalb es „exakt diesen Mitarbeiter trifft", widmet sich das nachfolgende Abschn. 5.6.

Umstände aus dem privaten Umfeld sind grundsätzlich sensible Themen und ein gewisser Abstand und Respekt sind daher zu wahren. Lebensumstände hinsichtlich Partner und Gebundenheit, Kinder und den damit verbundenen Verpflichtungen, sowie mögliche Schicksalsschläge (Krankheit, Tod von Familienmitglieder, Pflegeverpflichtungen etc.) sind aber hoch relevante Faktoren für eine gute und faire Trennung. Eine mögliche Unwissenheit darüber, kann die wahrgenommene Fairness von betroffenen Mitarbeitern empfindlich negativ beeinflussen. Kenntnisse über Bedürfnisse und Interessen aus dem Privatleben können in der Klärungsphase (Abschn. 3.3) hilfreich im Sinne einer Lösungsfindung sein. Das private Umfeld spielt für den Bewältigungsprozess eine tragende Rolle. Stehen dem betroffenen Mitarbeiter vertraute Menschen zum „Auffangen" nach dem Arbeitsplatzverlust zur Verfügung? Eine Kenntnis darüber sollte für eine gute Vorbereitung obligat sein.

Die finanzielle Situation der Betroffenen Finanzielle Komponenten haben für Betroffene und Organisationen in Trennungsprozessen einen besonders hohen Stellenwert. Eine existenzielle Bedrohung ist in den meisten Fällen jedoch ausschließlich den betroffenen Mitarbeitern zu zuordnen. Unabhängig davon, haben monetäre Faktoren in diesem Kontext eine schwerwiegende Rolle. Das Gehalt, der Lebensumstand (Ist Vermögen vorhanden, gibt es laufende Kredite, ist der Partner berufstätig? etc.) und der Lebensstandard allgemein, können das Empfinden hinsichtlich finanzieller Angebote beeinflussen. Kenntnisse darüber unterstützen Ausführende dabei, mögliche Reaktionen im Trennungsgespräch besser einschätzen zu können. Was wird die betroffenen Mitarbeiter am stärksten bewegen? Es ist ein deutlicher Unterschied, ob Grundbedürfnisse und Sicherheitsbedürfnisse oder übergeordnete Bedürfnisse bedroht werden. Aufgrund der Ausnahme- und Stresssituation können jedoch Reaktionen auf Angebote deutlich heftiger ausfallen, als es eine stabile Ratio im Regelfall zu lassen würde. Nichtsdestotrotz trägt die Kenntnis über die finanzielle Situation dazu bei, Angebote womöglich effizienter gestalten zu können und in der Klärungsphase argumentativ in erfolgsversprechende Richtungen lenken zu können.

Anmerkung: Finanzielle Angebote können die Existenz der Betroffenen temporär absichern. Angebote können den Ausstieg aus der Organisation erleichtern und werden auch als „Schmerzensgeld" für Leid und Verlust verstanden. Die entscheidende Frage in diesem Zusammenhang ist: Was und wie viel ist genug? Die Frage wird in vielen Trennungsprozessen und in den persönlichen Empfindungen der Betroffenen unbeantwortet bleiben. Es gilt, wirtschaftlich tragbare Einigungen bzw. Lösungen für, aber auch von beiden Seiten zu finden. Denn aus dem emotionalen Blickwinkel der getrennten Mitarbeiter heraus betrachtet, wird es für Leid und Verlust in vielen Fällen keine monetäre Grenze nach oben geben. Der Wille nach Sicherheit und Anhäufung von materiellem Besitz ist ähnlich alt wie die Menschheit selbst. Belege aus der Geschichte für damit in Verbindung stehende Obergrenzen, gibt es kaum.

Chancen im Zuge der beruflichen Veränderung Eine Neuorientierung und Neupositionierung ist für getrennte Mitarbeiter notwendig, um den Arbeitsplatzverlust abschließend bewältigen zu können. Faktisch betrachtet sind die Erfolge im Arbeitssuchprozess wesentlich von den Gegebenheiten am Arbeitsmarkt selbst, von den persönlichen Qualifikationen, der Einstellung zu Veränderungen und der Mobilität abhängig. Ausführende, die Kenntnis über diese relevanten und individuellen Faktoren haben, sind in der Lage die Auffang- und Klärungsphase fein abzustimmen und erfolgsversprechend auszurichten.

Aber auch die Persönlichkeit allgemein und der Eigenantrieb der Betroffenen sind ausschlaggebend für eine erfolgreiche

Arbeitsplatzsuche. Denn die möglichen persönlichen Veränderungen nach einem Arbeitsplatzverlust können den Erfolg in der Suche erheblich beeinflussen. Ausführende sollten versuchen sich ein Bild darüber zu machen, wie stark die Bindung zum Arbeitsplatz war. War der Arbeitsplatz ein fester und wichtiger Bestanteil und haben sich betroffene Mitarbeiter über ihre berufliche Aufgabe definiert? Oder galt ihr Interesse ausschließlich dem „schnöden Mammon"? So lässt sich in einer gewissen, aber oberflächlichen Weise einschätzen, welche Bedeutung der Verlust des Arbeitsplatzes haben kann. Durch diese Kenntnis lassen sich die Chancen in der beruflichen Veränderung ein Stück weit leichter einschätzen.

Ihr Transfer in Praxis

- Wie und in welcher Form könnten Sie im Trennungsgespräch Erfolge, Leistungen und Stärken wertschätzen?
- Wiegen Sie materielle und nicht materielle Trennungsangebote in ihrer Wirkung ab.
- Versuchen Sie Ihre persönlichen Verluste nach einem Arbeitsplatzverlust hierarchisch anzuordnen.
- Reflektieren Sie: Was bedeutet für Sie Sicherheit und welche Gefahren könnten durch einen Arbeitsplatzverlust entstehen?

5.4 Die eigene Person verstehen

Präziser ausgedrückt: Die eigene Person als Ausführenden und/oder Verantwortlichen besser verstehen zu lernen. Die kündigende Person ist jene Person, die die Willenserklärung für eine personelle Trennung überbringt bzw. ausspricht. Die Aufgabe dafür ist klassisch den Führungs- und Managementaufgaben zugeordnet. Kaum ein anderes Mitarbeitergespräch hat schwerwiegendere Folgen für Betroffene, Bleibende und die eigene Person als ausführendes Organ. Die Folgebelastungen für Betroffene sind erheblich, aber auch die Belastungen für Ausführende sind nicht von der Hand zu weisen. Auch der Verlust von liebgewonnenen Kollegen wird in vielen Fällen verbleibende Mitarbeiter beschäftigen. Letztgenanntem widmet sich das Kap. 8.

Um sich als ausführende Person besser kennenlernen zu können, sind zwei wesentliche Blickwinkel notwendig. Zum einen der Blickwinkel auf die Selbsteinschätzung hinsichtlich der eigenen Verhaltenstypologie und die Betrachtungsweise der eigenen Rolle im Trennungsprozess.

- Verhaltenstypologien
- Rollen

Verhaltenstypologien Andrzejewski (2008, S. 215) verweist auf drei Verhaltenstypologien. Eine klare Abgrenzung im Verhalten, ist ähnlich wie bei den Verhaltenstypologien von Betroffenen, kaum möglich. Ohne das Verschwimmen im Verhalten zu berücksichtigen, sind aufgrund der Häufigkeit in der Praxis folgende Typologien in der Vorbereitung und für eine Selbstreflektion von Bedeutung:

- Der Verdränger
- Der Konfrontierer
- Der Konsens-Sucher

Das Verdrängen an sich steht in enger Verbindung mit Flucht, Abwehr und Schutz. Verdränger können in der Lage sein, sich abzuspalten. Sie tragen in weiterer Folge oftmals die Trennungsentscheidungen nicht vollinhaltlich mit und sehen sich zum eigenen Schutz und aufgrund ihrer Position ausschließlich in der Funktion des ausführenden Organs. Verdrängern fällt es schwer, sich mit personellen Trennungen und den damit verbundenen Folgen, in vertiefter Form auseinanderzusetzen. Das Abzuspalten davon kann in Form einer klaren Abgrenzung und durch das Einhalten eines imaginären Sicherheitsabstands erkannt werden. Umgangssprachlich ausgedrückt: Der Verdränger würde sich gerne vor der Verantwortung „drücken"! Die ihm übergebene Aufgabe lässt sich für ihn vollziehen, wenn er sich als Mensch von der ihm anvertrauten beruflichen Rolle deutlich abgrenzen kann.

Empfehlungen für Menschen, die sich dieser Verhaltenstypologie zuordnen:

- Fluchtbedürfnisse erkennen, zu ihnen stehen und versuchen diesen Tendenzen bewusst zu widerstehen.

- Austausch mit internen und externen (Ansprech-) Partnern.
- Die möglichen Folgewirkungen des eigenen Verhaltens hinsichtlich einer Trennung schriftlich festhalten.
- Verhalten auf Respekt, Wertschätzung und Fairness gegenüber Betroffenen kritisch überprüfen.

Der Konfrontierer genießt im beruflichen Kontext häufig den Ruf, ein überaus lösungsorientierter Kollege zu sein. Sachlichkeit und klares Delegieren zeichnen diesen Verhaltenstyp im Regelbetrieb aus. Emotionale Verhaltensweisen und Nachgiebigkeit werden in seiner Arbeitsweise wahrscheinlich wenig Berücksichtigung finden. Die Aufgabe Trennungsgespräche führen zu müssen, kann bei diesem Typus allerdings Unsicherheiten auslösen. Unsicherheiten können in diesem Zusammenhang zu übertriebener Härte führen und das Verhalten kann in der Wahrnehmung anderer auch tendenziell aggressiv wirken. Die Stoßrichtung eines Konfrontierers ist die Sachlichkeit. In Folge kann es zu einer Verhärtung in der Gesprächsführung kommen, die wiederum förderlich auf Eskalationen wirken kann. Die eigene Sicherheit würde Verhaltensweisen dieser Art womöglich zur Gänze ausschließen.

Empfehlungen für Menschen, die sich dieser Verhaltenstypologie zuordnen:

- Bewusst alternative und förderliche Verhaltensweisen skizzieren und schriftlich festhalten.
- Überprüfung des eigenen Verhaltens in Bezug auf die Unternehmenskultur oder auf das Menschenbild allgemein.
- Definieren sie Ihren Wunsch: Auf welche Art und Weise möchte ich in dieser Situation selbst behandelt werden?
- Fragestellung: Wirken Gefühle und Emotionen in einem Trennungsprozess förderlich auf die Folgewirkungen?
- Prüfen des eigenen Verhaltens auf ihre absolute Notwendigkeit.

Dem Typus des Konsens-Sucher kommt ein fairer und wertschätzender Umgang entgegen. Er handelt in der Regel professionell und emphatisch. Der menschliche Aspekt ist für ihn in der Führung, wie auch in einem Trennungsprozess eine Selbstverständlichkeit. Er nimmt in beruflichen Belangen auch ungefragt die Rolle eines Vermittlers ein. Schadensbegrenzende Maßnahmen und einlenkendes Verhalten sind symptomatisch für diesen Verhaltenstypen. Abgrenzungen sind für Konsens-Sucher kaum bzw. nur schwer möglich. Im Umkehrschluss läuft diese Art von Ausführenden Gefahr, nicht erforderliche (oder ungewünschte) Eingeständnisse in der Klärungs- und Verhandlungsphase zu machen. Es besteht auch die Möglichkeit, dass die Konstruktivität aufgrund von Emotionen deutlich leidet. Eine nicht tragbare Konsensfindung als Resultat kann auf Grund dieser persönlichen Haltung und der Verhaltensweisen nicht ausgeschlossen werden.

Empfehlungen für Menschen, die sich dieser Verhaltenstypologie zuordnen:

- Klarheit darüber erlangen, dass es kaum möglich ist, alle Beteiligten und in vollem Umfang zufrieden zu stellen.
- Gleichgewicht zwischen Emotionalität und Sachlichkeit schaffen.
- Überdenken der Grundhaltung: Haben Fairness und Wertschätzung im beruflichen Kontext auch Grenzen?
- Im Vorfeld die Verhandlungsgrenzen in Trennungsgesprächen verbindlich definieren (lassen).
- Bewusste Differenzierung zwischen freundschaftlicher und beruflicher Verpflichtung und Verantwortung.

Die Rollen in Trennungsprozessen Ausführende sind in Trennungsprozessen „Diener vieler Herren" bzw. Interessenvertreter unterschiedlicher Stakeholder.

Kein Beteiligter hat in Trennungsprozessen ungleich viele Interessen zu vertreten, wie der Ausführende selbst. Die verschiedenen Typologien tendieren in unterschiedliche Richtungen. Daher ist es wahrscheinlich, dass Konflikte und damit einhergehend Spannungsfelder entstehen. Die Interessen und Wünsche der Geschäftsleitung, des Personalmanagements und der Arbeitnehmervertreter sind unterschiedlicher Natur, obwohl die personellen Trennungen im weiteren Sinn gemeinsam entschieden wurden. Trennungen werden für Ausführende nur in seltenen Fällen frei von Konsens sein. In einer guten

Vorbereitung sollten Kündigende ein Bewusstsein für diese Ausnahmeposition entwickeln und noch vor den Gesprächsphasen finale und verbindliche Abstimmungen mit allen Interessenvertretern initiieren. Die inhaltliche, wie auch kulturelle Abstimmung kann Kündigenden ein hohes Maß an Sicherheit geben und verhindert mögliche Differenzen in der Klärung und Verhandlung.

> **Ihr Transfer in Praxis**
> - Welcher Verhaltenstypologie würden Sie sich am ehesten zuordnen?
> - Skizzieren Sie erforderliche Verhaltensweisen, die für Sie und für eine erfolgreiche Trennung förderlich wären.
> - Sie sind in einer Sandwichposition: Ordnen Sie ihren persönlichen Druck von außen hierarchisch an.
> - Verifizieren Sie die individuellen Interessen der Stakeholder in Trennungsprozessen.

5.5 Botschaften und Kommunikationsregeln

Das Senden und Empfangen von Botschaften und das damit verbundene Verständnis ist in Trennungsgesprächen entscheidend für den Fort- und Ausgang. Das Sender-Empfänger-Modell nach Nerdinger et al. (2019, S. 70) macht gut deutlich, dass Gesagtes bzw. Gesendetes nicht ohne Störungen und im Verhältnis 1:1 vom Empfänger entgegengenommen werden kann. Das Verstehen der Inhalte wird in Ausnahmesituationen, wie im Zuge einer Trennung, erschwert und ist daher keine Selbstverständlichkeit.

Die acht Merkmale des Sender-Empfänger-Modells im Trennungsgespräch:

- Sender (Die ausführende Person)
- Enkodieren (Einspeicherung von Inhalten)
- Nachricht (Das physische Produkt der Enkodierung)
- Kommunikationskanal (Das persönliche Gespräch)
- Dekodierung (Übersetzen bzw. entschlüsseln)
- Empfänger (Der betroffene Mitarbeiter)
- Störquellen (Wahrnehmungsprobleme)

- Rückmeldung (Festlegung, ob eine wechselseitige Verständigung stattgefunden hat)

Die Gedanken werden als Inhalte der Nachricht von ausführenden Personen enkodiert bzw. eingespeichert und als Nachricht versandt. Der Empfänger der Nachricht ist in weiterer Folge gefordert die Nachricht zu übersetzen bzw. für sich zu entschlüsseln. Die wesentliche Störquelle (Kommunikationsbarriere) ist in diesem Zusammenhang der Umstand und der Grund dieses Gesprächs. Die Emotionen im Trennungsgespräch beeinflussen daher die Wahrnehmungen der betroffenen Mitarbeiter. Der Rückmeldung ist für die Fortführung der Gespräche ein besonderes Augenmerk zu schenken. Die Rückmeldung und die Reaktionen geben Kündigenden Aufschluss darüber, was und in welchem Umfang vom Empfänger auch wirklich verstanden wurde, denn „Gesagtes ist nicht gleich Verstandenes". Die Beachtung dieses Modells kann in der Vorbereitung Ausführende unterstützen und macht die Gewichtigkeit von klaren und gut verständlichen Botschaften und Nachrichten für ein erfolgreiches Trennungsgespräch sehr deutlich.

Anmerkung: Ausführende laufen speziell in Trennungsgesprächen Gefahr, drei Fehler in der Kommunikation zu begehen.

- Davon auszugehen, dass Botschaften und Nachrichten inhaltlich in einem 1:1 Verhältnis (Kopf zu Kopf) beim Empfänger ankommen.
- Die Wirkung der paraverbalen(Stimmlage, Lautstärke und Sprechtempo) und nonverbalen(Gestik, Mimik und Körpersprache allgemein) Kommunikation zu unterschätzen.
- Zu versuchen, ohne paraverbalen und nonverbalen Möglichkeiten zu kommunizieren.

Um Trennungsgespräche in einer fairen und wertschätzenden Weise und allem voran lösungsorientiert führen zu können, sind auch nach Lieske (2020, S. 71) drei Botschaften an Betroffene maßgeblich und unabhängig vom Grund der Trennung.

- Das Unternehmen möchte sich im Guten trennen.
- Das Unternehmen erkennt geleistete Beiträge für die Organisation an.

- Die betroffenen Mitarbeiter haben durch ihre erbrachten Leistungen Chancen und Zukunft.

Trennungen sind die Konsequenz verschiedener Umstände. Selbst bei verhaltensbedingten Trennungen sollten diese existentiellen Trennungsbotschaften Gültigkeit haben. Denn auch jene betroffenen Mitarbeiter sind aus guten Gründen in der Vergangenheit eingestellt worden und haben im Rahmen ihrer persönlichen Möglichkeiten Leistungen für die Organisation erbracht. Mit dieser Sichtweise sollten sich Ausführende in der Vorbereitung auseinandersetzen, um die Würde der Betroffenen zu schützen und die Zukunftschancen jener zu wahren. Das Sprichwort: „Man sieht sich immer zweimal im Leben", hat diesem Zusammenhang bzw. im Wirtschaftsleben eine nicht zu unterschätzende Bedeutung.

Hinsichtlich der Kommunikationsregeln in Trennungsgesprächen sind auch Erkenntnisse aus der Kommunikationspsychologie zu berücksichtigen. Nicht nur in Trennungsprozessen, sondern auch generell im zwischenmenschlichen Miteinander sind gut gemeinte Tipps, Ratschläge und Empfehlungen nicht immer willkommen. Speziell in Trennungsgesprächen können solche oder ähnliche Verhaltensweisen von Ausführenden überaus heftige Reaktionen, bedingt durch ein mögliches Trennungstrauma, auslösen. Eine wesentlich größere Gefahr in Bezug auf Reaktionen geht von Anweisungen und auch wohlwollenden Aufforderungen aus. Diese münden nicht selten in Blockaden oder Widerständen. Derlei Verhaltensweisen können als provokant verstanden werden. Erschwerend kommt für Ausführende hinzu, dass auch Lob und Anerkennung im Zuge einer Trennung provozierenden Charakter bekommen können. Hier ist Vorsicht und Feingefühl in der Gesprächsführung gefordert.

Kontraproduktive Verhaltensweisen:

- Empfehlungen aussprechen
- Ratschläge geben
- Aufforderungen aussprechen
- Anweisungen erteilen
- Kritik üben
- Loben (bzw. Pseudo-Lob)

In Verbindungen mit oben angeführten kontraproduktiven Verhaltensweisen sind auch ungeeignete Formulierungen zu vermeiden. Andrzejewski (2008, S. 242) verwendet in diesem Zusammenhang den Terminus der „Richtungsweisenden Reizwörter". Diese Reizwörter können in der Ausnahmesituation einer Trennung ein Maß an Druck auslösen und vermitteln womöglich betroffenen Personen, dass sie Handlungsanweisungen zu befolgen haben.

Beispiele für richtungsweisender Reizwörter und Formulierungen:

- Sie **sollten** sich überwinden
- Sie **sollten** jetzt…
- Sie **müssen** sich bemühen
- Sie **müssen** sich durchringen…
- Sie **dürfen** nicht…

Nach Andrzejewski entscheidet auch die innere Haltung der Ausführenden über Druck und Eskalation, oder im positiven Sinne über eine „Win-win-Lösung". Eine starre Haltung und ein Fokus auf ein selbst definiertes Zielergebnis können sich auf den Fortgang der Folgegespräche negativ auswirken. Eine Haltung, die den betroffenen Mitarbeitern ein Maß an Mitbestimmung oder Mitgestaltung ermöglicht, wird tendenziell einen positiveren Fortgang fördern.

Ein förderliches und erprobtes Instrument der Kommunikation sind selbstreflektierende Formulierungen, die in der Gesprächsführung druckmindernd auf Betroffenen wirken können. Ähnliches gilt für ausgesprochen Gedanken, die im Dialog einen fragenden Charakter haben und somit kaum Angriffsfläche bieten.

- Verstehe ich Sie richtig, dass…
- Können wir für das erste so verbleiben, dass…
- Ich frage mich gerade, ob…
- Ich denke gerade nach, ob…
- Wenn ich Sie richtig verstanden haben, ist es Ihr Wunsch…
- Ich überlege gerade, wie ich…

Eine geeignete Kommunikation-Methodik in Trennungsgesprächen sind Fragetechniken, die ein Maß an Wahlfreiheit signalisieren und somit auch deutlich Druck aus dem Gespräch oder der angespannten Situation nehmen können.

- Können Sie sich vorstellen, dass wir morgen unser Gespräch fortführen?
- Möchten Sie mein/unser Angebot prüfen lassen?
- Wollen Sie sich zu diesen Themen beraten lassen?
- Würden Sie sich durch eine Prüfung des Angebots wohler fühlen?
- Wäre es Ihnen an dieser Stelle lieber, wenn Sie sich mit ihrem Partner darüber austauschen?

> **Ihr Transfer in Praxis**
> - Notieren Sie für sich Formulierungen, um den Druck in Trennungsgesprächen mindern zu können.
> - Formulieren Sie Fragen, um den Grad von Verständnis in den Rückmeldungen verifizieren zu können.
> - Überlegen Sie sich Formulierungen, um Wahlfreiheit und Mitgestaltungsmöglichkeiten zu signalisieren.
> - Welche Verletzungen in den Kommunikationsregeln würden bei Ihnen zu Widerständen und Blockaden führen?

5.6 Warum ich?

Die Antwort auf diese Frage ist für Betroffene wesentlich, um im Bewältigungsprozess voran kommen zu können. Personalmanager, Ausführende, Placement-Berater und Coachs berichten in diesem Zusammenhang, dass diese Frage über einen längeren Zeitraum für Betroffene präsent ist und nur in wenigen Ausnahmefällen zur Gänze in den Trennungsgesprächen beantwortet werden kann.

Nichtsdestotrotz ist es Aufgabe der ausführenden Personen, eine solide Basis für eine möglichst hohe Nachvollziehbarkeit zu schaffen. Die Trennungsbegründung ist der Dreh- und Angelpunkt im Trennungsgespräch, der über Erfolg oder Misserfolg entscheiden kann. Die Art der Begründung ist abhängig vom Trennungsgrund und sollte auch im Zuge eines größeren Stellenabbaus individuell für jeden einzelnen Betroffenen aufgesetzt und formuliert werden. Daher werden Trennungsbegründungen unterschiedlich ausfallen, auch wenn mehrere Mitarbeiter aus ein und demselben Kündigungsgrund das Unternehmen verlassen müssen.

Allgemein förderliche Merkmale einer Trennungsbegründung:

- Schlüssig
- Wahrheitsgemäß
- Nicht persönlich verletzend

Die Argumentationen und Begründungen werden bei verhaltensbedingten, betriebsbedingten oder personenbedingten (Leistungsfähigkeit) Kündigungen unterschiedlich sein. Dennoch haben Ausführende bei diesen unterschiedlichen Kündigungsgründen abzuwiegen, ob Generalbegründungen oder individuelle Ansätze hilfreich für die Beantwortung dieser Frage sind. Das ist kein Widerspruch in sich, sondern eine nüchterne Überlegung bzw. Fragestellung: Welche Argumente „ziehen" bei der betroffenen Person?

Ein erprobter Sicherheitsaspekt in der Vorbereitung ist, beide Varianten (Generalbegründung und individuelle Begründung) dramaturgisch aneinander zu reihen.

Hier am Beispiel einer betriebsbedingten Kündigung: Ein Unternehmen schließt Teilbereiche, verlagert Unternehmensteile und strebt eine Abspaltung an.

Diese Umstände sind in Form einer **„Generalbegründung"** gut kommunizierbar und werden in den ersten Sätzen für betroffene Mitarbeiter im Großen und Ganzen als nachvollziehbar wahrgenommen werden. Die förderlichen Merkmale einer Trennungsbegründung (schlüssig, wahrheitsgemäß und nicht persönlich verletzend) sind gegeben. Allerdings ist davon auszugehen, dass diese Begründungen wenig zufriedenstellend sein werden, wenn andere Mitarbeitern aus diesen Bereichen nicht davon betroffen sind.

An dieser Stelle des Beispiels sind im dramaturgischen Aufbau ergänzende **„individuelle Begründungen"** erforderlich. Selbiges gilt auch unabhängig diesem Beispiel und bezieht sich auf die Personenauswahl und auf die damit verbundenen Argumentationen.

Die dreiwesentlichen Stoßrichtungen:

- Leistungsträger
- Low-Performer
- Verhaltensthemen

Leistungsträger
Gegenüber Leistungsträger zu argumentieren, ist wahrscheinlich die schwierigste Aufgabe. Dieser Personenkreis wurde in der Vergangenheit für erbrachte Leistungen wertgeschätzt und in vielen Fällen mit Bonifikationen oder Ähnlichem belohnt. Eine klare und eindeutige Argumentationsempfehlung ist weder in der Literatur zu finden, noch haben erfahrene Manager und Unternehmer erfolgsversprechende Rezepte an der Hand. Hier schließt sich der Kreis rund um die individuellen Begründungen und Herausforderungen. In diesem Zusammenhang empfiehlt Andrzejewski (2008, S. 194) den Fokus der Argumentationen auf den Standort oder die Abteilung zu richten. Sachlichkeit in Hinblick auf die Gesamtvolumina der Maßnahmen kann ebenso hilfreich sein, wie (mögliche) Argumente hinsichtlich einer Sozialauswahl. Angestrebte Veränderungen in der Organisation sind für betroffene Mitarbeiter im hier und jetzt selten nachvollziehbar. Eine Argumentation, dass die mittelfristige Unternehmensplanung mit personellen Veränderungen zum jetzigen Zeitpunkt eingeläutet werden müssen, kann eine Nachvollziehbarkeit in Maßen fördern.

„Sachlichkeit" ist das Schlüsselwort für individuelle Begründungen gegenüber Leistungsträgern. Die Würdigung und Danksagung für erbrachte Leistungen sollte auch hier nochmals Erwähnung finden, wenn auch im selben Atemzug mit einem Einläuten einer neuen Ära und den damit verbundenen Veränderungen argumentiert wird.

Beispiel: „Es waren gute und erfolgreiche Zeiten. Die Anforderungen haben sich verändert und tief greifende Veränderungen sind für die Organisation zum jetzigen Zeitpunkt schon erforderlich geworden"!

Hinweise wie „Sie sind nicht der einzige" sind zu vermeiden und helfen der betroffenen Person in dieser Situation kaum weiter. Nach Andrzejewski ist jeglicher Bezug in die Zukunft kontraproduktiv, da

Betroffene dazu verleitet werden, über die persönliche Entwicklungsfähigkeit und neue Einsatzmöglichkeiten zu diskutieren.

Low-Performer
Es wäre falsch davon auszugehen, dass alle Low-Performer immer davon in Kenntnis sind, dass die erbrachten Leistungen nicht entsprechen oder entsprochen haben. Ausführende, die auch in einer direkten Führungsverantwortung sind, werden unweigerlich in die gemeinsame Vergangenheit blicken müssen. Es kann durchaus sein, dass Leistungsbeurteilungen in der Vergangenheit milde ausgefallen sind und die Führungskraft im Grunde nicht wahrhaftig gehandelt und argumentiert hat. Nun im Trennungsgespräch alle Karten auf den Tisch zu legen, wäre mit Fairness nicht in Einklang zu bringen. Die allgemeinen förderlichen Merkmale einer Trennungsbegründung wären hiermit ausgeklammert. Betroffene Mitarbeiter sollten in diesem finalen Mitarbeitergespräch nicht durch Verfehlungen in der Führung überrascht werden. Wenn Mitarbeiter in der Vergangenheit von ehrlicher und konstruktiver Kritik verschont geblieben sind, sollte im Zuge eine Trennung Versäumtes nicht vollumfänglich nachgeholt werden.

Erfahrungsgemäß zeigen eine Vielzahl von Low-Performern in Trennungsprozessen ein hohes Maß an Hartnäckigkeit, Beharrlichkeit und Diskussionsverlangen. Im Gespräch sollten sich Ausführende nicht den womöglich geforderten Analysen und Vergleichen stellen. Denn dadurch müssten Schwächen und Defizite besprochen werden und das Selbstwertgefühl von betroffenen Mitarbeitern könnte deutlichen Schaden nehmen. Ausführende sollten sich daher zurücknehmen und ihre Anstrengungen darauf ausrichten, Schäden für Betroffene zu vermeiden. Ausführende sind gut beraten, einen wohlwollenden und lösungsorientierten Ausgang im Fokus zu haben.

Uneingeschränkte Ehrlichkeit findet in diesem Zusammenhang Ersatz durch Schlüssigkeit und wahrheitsgemäße Aussagen.

- Argumentieren Sie mit dem Wandel und den veränderten Ansprüchen (in der Zukunft)!
- Gehen Sie auf notwendige und veränderte Leistungsinhalte ein!
- Sprechen Sie über neue und erforderliche Anforderungsprofile!

Sollten Leistungsbeurteilungen, Jahresgespräche und Feedbacks ehrlich und wahrhaftig geführt und dokumentiert worden sein, wird es den ausführenden Personen vergleichsweise leicht fallen individuelle Begründungen zu finden. Die Trennung erfolgt daher als Konsequenz der bereits besprochenen und dokumentierten Inhalte und impliziert Schlüssigkeit, Wahrhaftigkeit und Ehrlichkeit. Einen überraschenden Charakter werden diese Art von Trennungsbegründungen nur in seltenen Fällen haben. Denn es wurde im Sinne der Fairness sichergestellt, dass jene Personen bereits im Vorfeld der Trennung Kenntnis über ihre mangelnde Performance hatten.

Verhaltensthemen
Das Verhalten von Menschen in Organisationen wird von der Führung (Verhaltenssteuerung) beeinflusst. Führungsleitbilder, unabhängig ob formell oder informell, geben Mitarbeitern in ihrem Tun und Handeln Halt und Orientierung. Verhaltensbedingte Trennungen erfolgen aufgrund einer mangelnden Passung. Dieser Mangel führt in vielen Fällen zu Irritationen im Kollegenkreis und/oder gegenüber Vorgesetzten. Daher ist davon auszugehen, dass „Vorgeschichten" vorhanden sind und eine Basis für die finale Entscheidung darstellen. Wenn in diesem Bezug Kritikgespräche geführt und dokumentiert worden sind, werden individuelle Trennungsbegründungen mit wenig Aufwand formuliert werden können. Sollten diese Gespräche nicht in ausreichendem Umfang und Qualität geführt worden sein, werden Vorgesetzte in Zusammenarbeit mit Mitarbeiter und Kollegen dennoch in der Lage sein, das nicht konforme Verhalten zu benennen und darzulegen.

Im Terminus „Nicht-konformes-Verhalten" liegen die individuellen Trennungsbegründungen. Die mangelnde Passung zwischen den Unternehmenswerten, Leitbildern, Unternehmenskulturen und dem Verhalten der betroffenen Personen stellen das Argumentationsschwergewicht dar. Die Antwort auf die Frage „Warum ich?" kann daher klar benannt werden.

Deutlich anspruchsvoller wird die Argumentation für Ausführende, wenn Vertrauensbruch oder Vertrauensverlust die Treiber der Trennung sind. Es wird wenig zielführend sein, Vorfälle, die zu den beschädigten Vertrauensverhältnissen geführt haben, vollumfänglich und im Detail

neu oder wiederholt aufzurollen. Dennoch erfordern Vertrauensverlust und Vertrauensbruch eine eindeutige, klare Erklärung bzw. Aussage.
Schlüssige und wahrhaftige Argumentationsmöglichkeiten hinsichtlich Vertrauensthemen

- Ein beschädigtes Vertrauensverhältnis erschwert die Zusammenarbeit maßgeblich.
- Die Wiederherstellung von Vertrauen erfordert einen langen Zeitraum, der Ausgang ist ungewiss.
- Ein beschädigtes Vertrauensverhältnis erhöht die soziale Komplexität und erschwert in hohem Maß eine erfolgreiche Zusammenarbeit.
- Vertrauen ist die Basis einer guten und erfolgreichen Zusammenarbeit.

Unabhängig ob eine mangelnde Passung oder ein beschädigtes Vertrauensverhältnis ausschlaggebend für die Trennung ist, sollten damit verbundene Risiken und mögliche Probleme minimiert werden. Argumentationen und Haltungsweisen, die einen Gesichtsverlust und einen beschädigten Selbstwert bei Betroffenen vermeiden, werden Ausführende erfolgreicher und auch schneller an ihr Ziel bringen. Um Reputationsschäden auf beiden Seiten zu verhindern, ist es im Gespräch dringend notwendig „verbrannte Erde" zu vermeiden.

Anmerkung: Ehrlichkeit ist in vielen Fällen eine Tugend. Vollumfängliche oder schonungslose Ehrlichkeit kann in Trennungsgesprächen aber verletzend wirken und den Selbstwert von Betroffenen für lange Zeit beschädigen. Wahrhaftigkeit dagegen macht das Verhältnis eines Menschen zur Wahrheit deutlich und bietet sich als Alternative in Trennungsgesprächen an.

Ihr Transfer in Praxis
- Definieren Sie jeweils Vor- und Nachteile von Generalbegründungen und individuellen Begründungen.
- Leistungsträger, Low-Performer und Verhaltensthemen. In welcher Stoßrichtung würden Sie sich als Ausführender sicher fühlen?
- Selbstreflexion: Welche der drei Stoßrichtungen vermittelt Ihnen als Ausführenden Unsicherheit und weshalb?

> - Ihre Präferenz hinsichtlich erfolgreicher Trennungsgespräche: Ehrlichkeit und Wahrhaftigkeit?
> - Notieren Sie Vor- und Nachteile hinsichtlich uneingeschränkter Ehrlichkeit im Trennungsgespräch.

5.7 Informationspolitik und Sprachregelungen

Wer kommuniziert was, wann und wie? Die Thematik rund um Sprachregelungen und Informationspolitik kann zum Fallstrick in Trennungsprozessen werden. Speziell dann, wenn dieser Punkt in der Planung und in der Gesprächsvorbereitung wenig berücksichtigt wurde. Trennungsgespräche zu führen, ist eine Sache für sich. Das was darauf folgt, ist ähnlich schwer einzuschätzen, wie der Ausgang der Gespräche selbst. Nicht selten kommen Verantwortliche im Nachgang von Trennungsgesprächen in eine Lage, in der der Faktor Zeit und vor allem die Sprachregelung eine gewichtige Rolle spielen. Daher sollte bereits in der Vorbereitung festgelegt werden, WER an welchen Personenkreis kommunizieren wird. Im kleinen Zeitfenster nach ausgesprochenen Trennungen verstecken sich Chancen, aber auch eine Vielzahl möglicher Fallstricke.

Drei wesentliche Nachrichten gilt es zu kommunizieren.

- Trennungsgespräche haben stattgefunden.
- Eine Person, ein gewisser Personenkreis wird zum Zeitpunkt X das Unternehmen verlassen.
- Weshalb wurde getrennt?

Diese Nachrichten sind nicht nur für verbleibende Mitarbeiter von großem Interesse. Auch Partner, Zulieferer, Kunden und Eigentümer u. v. m. können an diesen Veränderungen Interesse haben. Im erweiterten Sinn wird die Gesellschaft im Umfeld der Organisation in irgendeiner Form davon „betroffen" sein. Beginnend bei Familienmitgliedern bis hin zu treuen Fans, Freunden und Interessierten. Keine Information, aber auch eine nur mangelnde Information kann Reaktionen hervorrufen, die in der Nachbearbeitung nur erschwert kontrollierbar sind. Daher ist ein Maß an guter Vorbereitung und Vorsicht geboten.

Personelle Trennungen werden in der Belegschaft in der Regel ein Konvolut an Fragen mit sich bringen. Diese und noch mehr Fragen gilt es, glaubwürdig und schlüssig zu beantworten:

- Weshalb haben Trennungsgespräche stattgefunden?
- Wer sind die Betroffenen?
- Weshalb gerade diese Personen?
- Wann werden die Personen ausscheiden?
- Gibt es Nachfolgeregelungen und Lösungen?
- Wer wird die Aufgaben übernehmen?
- Wie wird es weitergehen?
- Ist das eine Kündigungswelle?
- Wie geht es für die betroffenen Personen jetzt weiter?
- Können wir uns noch voneinander verabschieden?

Hinweis: Verantwortliche sind angehalten diese (noch nicht gestellten) Fragen zeitnah und unaufgefordert zu beantworten bzw. zu kommunizieren. Unabhängig von Kommunikationskanälen gilt die allgemeine Empfehlung, dass Informationen so gut wie möglich zeitgleich in allen Bereichen eines Unternehmens erfolgen sollten.

Die Liste dieser möglichen und legitimen Fragen könnte auch deutlich länger ausfallen und lässt vermuten, dass mit Verhaltensveränderungen zu rechnen ist. Veränderungen sind in Bezug auf einen Leistungsabfall messbar, Vertrauensthemen als Folgeerscheinungen aber eben nicht.

Betroffene kommunizieren in der Regel im Nachgang Inhalte und Wahrnehmungen ihrer Trennungsgespräche. In diesem Zusammenhang können bereits unternehmensintern kommunizierte Informationsinhalte, die von Betroffenen als nicht passend, nicht korrekt oder nicht entsprechend wahrgenommen werden, rasch an Bedeutung, Aussagekraft und Wahrhaftigkeit verlieren. In fairen und wertschätzenden Trennungsprozessen ist es daher erforderlich, Inhalte so weit wie möglich abzustimmen und betroffenen Mitarbeitern ein Maß an Mitgestaltung zu ermöglichen. Das Ergebnis daraus kann zur Win-win-Situation für beide Seiten werden. Die Abstimmung über Inhalte kann die wahrgenommene Gerechtigkeit erhöhen und fördert die Konstruktivität. Nach Andrzejewski und Refisch (2015) erhöht sich dadurch auch die Wahrscheinlichkeit für einvernehmliche Auflösungen. Darüber hinaus kann es auch möglich werden, das zukünftige Vertrauensverhältnis zwischen den im Unternehmen verbleibenden Mitarbeiter und der Organisation zu stärken.

Was es in der gemeinsamen Informationsentwicklung zu bedenken gibt:

- Mitgestaltung proaktiv anbieten
- Gemeinsam Formulierungen finden
- Vermeidung von Gesichtsverlust
- Wahrung des Selbstwertes
- Wahrung der Würde von Betroffenen
- Förderlich und wahrheitsgemäß
- Stimmig im Sinne der Unternehmenskultur

Gerüchte und Mutmaßungen können beständige Wegbegleiter im Trennungsprozess sein. Eine verbindliche Absprache in der Sprachregelung zwischen betroffenen Mitarbeitern und Ausführenden kann diesbezügliche Irritationen im Arbeitsumfeld verhindern. Jedoch kann es durchaus Zeit erfordern, bis gemeinsam förderliche und wahrheitsgemäße Formulierungen gefunden werden.

Kommunikations-Guideline: Förderlich für Betroffene, stimmig für im Unternehmen verbleibende Mitarbeiter und wahrhaftig im Sinne der Unternehmenskultur.

Ihr Transfer in Praxis

- Skizzieren Sie, welche Informationen in der Kommunikation, hinsichtlich personeller Trennungen, intern erforderliche sind.
- Wann und in welchem Umfang sollte Ihrer Ansicht nach informiert werden?
- Stellen Sie Überlegungen an: Welche Personen, welcher Personenkreis ist relevant, um Irritationen vermeiden zu können?
- Überprüfen Sie verschiedene Kommunikationskanäle auf ihren effektiven Nutzen.

Literatur

Andrzejewski, L. (2008). *Trennungskultur und Mitarbeiterbindung. Kündigungen fair und nachhaltig gestalten* (3. Aufl.). Wolters Kluwer Deutschland GmbH.

Andrzejewski, L., & Refisch, H. (2015). *Trennungs-Kultur und Mitarbeiterbindung. Kündigungen, Aufhebungen, Versetzungen fair und effizient gestalten.* Luchterhand Literaturverlag.

Nerdinger, F. W., Blickle, G., & Schaper, N. (2019). *Arbeits- und Organisationspsychologie* (4. Aufl.). Springer.

Heun-Lechner, O. (2020). *Kündigung. Faires und wertschätzendes Trennen.* Springer Gabler.

Lieske, J. (2020). *Trennungsgespräche professionell führen.* Gabal.

6
Wahrnehmung von Gerechtigkeit

> **Was Sie aus diesem Kapitel mitnehmen können**
>
> - Erwartungshaltungen und implizite Annahmen von Arbeitnehmern.
> - Wahrnehmungen, Grundeinstellungen und Motive der Gesellschaft und betroffener Personen.
> - Ausschlaggebende Faktoren für die Wahrnehmung von Gerechtigkeit und Fairness.
> - Die Wirkung der sozialen Interaktion im Trennungsprozess.

Allgemein können Ausführende davon ausgehen, dass eine hohe wahrgenommene Gerechtigkeit im Zuge von Trennungen die Akzeptanz von Betroffenen und Bleibenden erhöhen kann. In Trennungsgesprächen können Fairness und Gerechtigkeit transportiert werden. Der Erfolg von Trennungsprozessen ist abhängig von der Kenntlichmachung von Fairness und Wertschätzung bzw. deren Kommunikation und in weiterer Folge von der Bewertung und der wahrgenommenen Gerechtigkeit.

Ausgesprochene und unausgesprochene Erwartungshaltungen von betroffenen Personen können in Trennungsprozessen empfindlich enttäuscht werden. Die daraus resultierenden Irritationen und Verletzungen beeinflussen den Verlauf eines Personalabbaus und können über einen längeren Zeitraum „nachschwingen" und Unternehmenskulturen nachhaltig verändern. Gerechtigkeitsprinzipien spielen bereits in der Entscheidungsfindung eine tragende Rolle und werden im Trennungsprozess von Betroffenen, Bleibenden und von der Außenwelt bewertet. Die Sozialforschung bietet Hilfestellungen und Ansätze an, um personelle Trennungen innerbetrieblich gerechter umsetzen zu können. Trennungen werden nur seltenuneingeschränkt als fair und gerecht wahrgenommen. Nach Hanschitz (2016) sind aber Betroffene und Bleibende durchaus in der Lage, zwischen fairen und weniger fairen Trennungen zu unterscheiden. Inwieweit sich Unternehmen und die ausführenden Organe im Trennungsprozess hinsichtlich Fairness bemüht haben, ist ein Gradmesser für die Gerechtigkeitswahrnehmung.

6.1 Psychologischer Vertrag

Dieser Vertrag wird von beiden Vertragspartnern, Arbeitnehmer und Arbeitgeber, parallel zum Arbeitsvertrag geschlossen. Ein Arbeitsvertrag gibt beiden Vertragsteilen Klarheit, Sicherheit und schreibt Regularien fest. Erwartungshaltungen und Verhaltensweisen sind in Schriftform aber kaum vollumfänglich abzubilden und sind daher meist nur rudimentärer Bestandteil eines Arbeitsvertrages.

Der psychologische Vertrag hingegen bildet unausgesprochene und somit angenommene Übereinkünfte und erwartete Leistungen ab. Diese emotionalen und impliziten Annahmen können sich im Lauf der Zeit bzw. der Zusammenarbeit verändern und basieren auf wechselseitigem Vertrauen. Dieser nicht verschriftlichte „Side letter" ist volatil, sprunghaft und nicht beständig. Mögliche Reaktionen auf diese Vertragsverletzungen können mangelnde Kooperationsbereitschaft, Leistungszurückhaltung oder auch innere Kündigungen sein.

Nach Andrzejewski (2008, S. 254) sind die wesentlichen Säulen in diesem Kontrakt die Annahmen in Bezug auf Leistungsbereitschaft und Verpflichtungen. So nehmen Organisationen implizit an, dass Mitarbeiter ein hohes Bestreben haben, Aufgaben mit vollem Einsatz zu erfüllen und sich im Rahmen der internen Kultur verhalten und handeln. Mitarbeiter setzen im Gegenzug voraus, dass Organisationen ein ausgeprägtes Bestreben haben den Arbeitsplatz abzusichern, Entwicklungs- und Vermeidungsmaßnahmen anbieten und auch individuelle Hilfestellungen leisten.

Wie Wahrnehmung von Fairness und Gerechtigkeit erhöht werden kann durch:

- Vorhergehende Maßnahmen zur Vermeidung von Kündigungen
- Explicite Thematisierungen in Mitarbeitergesprächen
- Zielvereinbarungen im Vorfeld von Trennungen
- Unterstützungen und Hilfestellungen in der Zusammenarbeit

Diese Möglichkeiten, die bereits im Vorfeld von Trennungsgesprächen zu berücksichtigen sind, fördern die Nachvollziehbarkeit von Trennungen und reduzieren die Unmittelbarkeit. Betriebsbedingte Trennungen können aber auch in durchaus kurzer Zeit erforderlich werden und Bemühungen im Vorhinein können mitunter nicht mehr realisiert werden. Gründe für betriebsbedingte Trennungen sind für Mitarbeiter nicht immer transparent und nachvollziehbar. Glaubhafte und vorhergehende Maßnahmen zur Vermeidung von Trennungen sind daher nur bedingt für sie erkennbar. Ungeachtet dessen, sind die Grundmotive und die allgemeinen Erwartungshaltungen von betroffenen Personen in vielen Fällen statisch und werden nicht angepasst. Ausführende können in Trennungsgesprächen dennoch förderlich agieren, wenn sie die Motive, Ängste und Erwartungen der Betroffenen im Rahmen der gegebenen Möglichkeiten ernst nehmen bzw. versuchen diese Faktoren zu verifizieren.

In Trennungsgesprächen können folgende Handlungsweisen hilfreich sein:

- Handlungsspielräume in den Exit-Optionen und in der Information und Kommunikation einräumen und anbieten.
- Absicherungsoptionen für den Arbeitssuchprozess berücksichtigen.
- Durch glaubhafte und nachvollziehbare Erklärungen Klarheit schaffen.

- Differenzieren zwischen Mensch und Angestellten.
- Zukunftschancen durch Anerkennung der erbrachten Leistungen kenntlich machen.
- Hilfestellungen anbieten (Bspw. durch Folgegespräche, Beratungen, Coachings, Dienstzeugnis, Referenzbereitschaft des Unternehmens/ der Führungskraft)

6.2 Prozedurale Prinzipien

Die Art und Weise von Trennungen beeinflusst die Wahrnehmung der Beteiligten und aktiviert soziale Interaktionen. Das WIE in den Verfahren von Trennungen bleibt den Mitarbeitern von Unternehmen nur selten zur Gänze verborgen und verbreitet sich erfahrungsgemäß in Betrieben rasch. Der Ablauf von Trennungsgesprächen wird hoch wahrscheinlich von der Belegschaft besprochen und wird in weiterer Folge auch bewertet werden. Bemühungen, um Umstände und Fakten von Trennungen, „geheim" zu halten, sind zum einen fast unmöglich, zum anderen können diese Bestrebungen zum Nährboden von Gerüchten werden. Die mögliche dahin gehende Gefahr sollte aber nicht als Aufruf zur absoluten Transparenz hinsichtlich Inhalte und Reaktionen verstanden werden. Vielmehr ist es eine klare Handlungsempfehlung, dem Prozedere im Trennungsgespräch große Beachtung zu schenken.

Mit den prozeduralen Prinzipien sind verschiedene Regeln verbunden. Eine thematische Auseinandersetzung mit den wesentlichen Regeln kann Ausführenden dabei helfen, das Trennungsgespräch individuell anzupassen bzw. in der Vorbereitung einer Prüfung zu unterziehen.

Die **„Genauigkeitsregel"** wirft ihr Schlaglicht auf die Einbeziehung aller relevanten und zur Verfügung stehenden Informationen. Formfehler in Bezug auf Kündigungsfristen oder die Abgeltung von Urlauben sind in diesem Zusammenhang exemplarisch. Aber auch das Hinzuziehen weiterer Personen ist für diese Regel relevant. Eine Beteiligung von Betriebsräten oder Mitgliedern der Belegschaft kann positiven Einfluss auf die wahrnehmende Gerechtigkeit nehmen. Ähnliches gilt für den transparent gemachten Ausschluss von Eigeninteressen und Eigennutzen. Hier wird die „**Unvoreingenommenheitsregel**" schlagend. Wenn darüber hinaus auch Ausführende oder das Unternehmen selbst Einschnitte in Kauf nehmen, verstärkt das das Gefühl von Fairness. Ein hohes Maß an Beständigkeit und Nachvollziehbarkeit im Verfahren, wird in der „**Konsistenzregel**" abgebildet.

Ein deutlich größerer Einfluss auf erfolgreiche Trennungsgespräche wird der „**ethischen Rechtfertigbarkeit**" zugeschrieben. Hier liegt der Fokus zu großen Teilen auf der Entscheidungsfindung und im Bezug auf die Berücksichtigung von sozialen Kriterien. Im Trennungsgespräch findet dieser ethische und moralische Ansatz im Schutz der betroffenen und freigesetzten Personen seine Gültigkeit. Hier werden alle Bemühungen seitens der Organisation gebündelt, die der sozialen Verantwortung zugeschrieben werden.

Die Art und Weise des Verfahrens bzw. der Trennungsgespräche kann von Betroffenen und Bleibenden weit kritischer bewertet werden, als der Umstand der Trennung selbst. In der Bewältigung und Verarbeitung von Trennungen ist das Prozedere bzw. der Umgang entscheidend für die zukünftige Selbstwirksamkeit und den Selbstwert der Betroffenen.

- Die faire, wertschätzende und wohlwollende Haltung im Trennungsgespräch
- Die Nachsorge nach den Gesprächen
- Der Schutz der Würde
- Vermeidung von Gesichtsverlust
- Information und Kommunikation an Bleibende und Externe

6.3 Gerechtigkeitsprinzipien

Distributive Gerechtigkeitsprinzipien sind in erster Linie die wesentlichen Grundlagen für die Entscheidungsfindungen im Trennungsmanagement. Sie beeinflussen die Wahrnehmung in Bezug auf eine gerechte Verteilung. Bei der Führung von Trennungsgesprächen können die verschiedenen Prinzipien als Argumentations- und

Kommunikationsgrundlage dienen. Anhand der Prinzipien können ausführende Organe, glaubhaft und nachvollziehbar getroffene Entscheidungen erklären. Eine gezielte Kommunikation kann beteiligten Personen dabei helfen, ein Maß an Gerechtigkeit und Fairness in der Verteilung zu erkennen.

„**Bedarfsprinzipien**" werden auf die Bedürftigkeit der Betroffenen abgestimmt. Verteilungen, die nach tatsächlichen bzw. bekannten Bedarf erfolgen, werden als gerecht empfunden. Im Umkehrschluss werden Trennungen, die einen schwächer gestellten Personenkreis (Alleinerzieher, Alleinverdiener, Pflegeverantwortliche oder geringer qualifizierte Mitarbeiter etc.) betreffen, als ungerechter wahrgenommen. Ungeachtet, welche Personen von Trennungen betroffen sind, bieten sich Handlungs- und Kommunikationsempfehlungen in Trennungsgesprächen an.

- Thematisieren des bekannten Umstands.
- Botschaft: Ausführende sind in Kenntnis hinsichtlich des individuellen Bedarfs.
- Individuelle Anpassung an die Bedürfnisse und diesbezügliche Erklärungen.

Exemplarische Kernaussage: *„Uns sind Ihre Umstände (Bedürfnisse), soweit es uns als Dienstgeber möglich ist, bekannt. Daher haben wir versucht, die Trennungsmodalitäten für Sie dementsprechend anzupassen und sind bemüht...."*

In den **„Beitragsprinzipien"** werden die bereits erbrachten Leistungen und Beiträge von Mitarbeitern berücksichtigt und stehen im Vergleich mit den erbrachten Leistungen anderer (Heun-Lechner, 2020, S. 28). Wesentlich für die Wahrnehmung von Gerechtigkeit ist das Gleichgewicht zwischen Beiträgen und Erträgen. Ist diese Art von Gleichgewicht nicht gegeben (Low Performer), ist eine Trennung für Betroffene und Bleibende leichter zu verstehen bzw. leichter nachvollziehbar. Die Stoßrichtung in der Erklärung hat ihren Bezug auf Leistungen, die im sachlichen Vergleich nicht den Anforderungen der Organisation entsprechen.

Handlungsempfehlungen:

- Umstand klar ansprechen
- Mit Rechtfertigungen rechnen (Vorbereitung)
- Diskussionen versuchen zu vermeiden bzw. kurz halten

Exemplarische Kernaussage: *„Uns ist bewusst, dass Sie im Rahmen Ihrer persönlichen Möglichkeiten Beiträge für das Unternehmen geleistet haben. Dafür möchten wir uns bedanken. Die Beiträge entsprechen (trotz unserer Unterstützung) nicht den Anforderungen bzw. unser Erwartungshaltung".*

Ähnlich wirken die **„Effizienzprinzipien"** auf die Wahrnehmung von Gerechtigkeit. Im Fokus dieser Prinzipien ist der Gesamtnutzen. Wird durch personelle Trennungen der Gesamtnutzen für das Kollektiv erhöht bzw. steigert sich die Effizienz des Unternehmens, handelt das Unternehmen nach Effizienzprinzipien. In der Entscheidungsfindung können daher einzelne Mitarbeiter schlechter gestellt werden und womöglich auch gut qualifizierte Mitarbeiter betroffen sein. Argumentationen in diesem Zusammenhang sind vornehmlich für verbleibende Mitarbeiter relevant und wirken auf ihre Gerechtigkeitswahrnehmung. Für Betroffene sind Argumentationen dahin gehend wahrscheinlich kaum von Interesse.

Dennoch können Ausführende ihre Erklärungen darauf basierend wahrheitsgemäß entwickeln und anpassen. Sachlich und klar durch:

- Klare Abgrenzung zwischen Arbeitsstelle und der betroffenen Menschen
- Argumentationen hinsichtlich Fortbestand und Absicherung
- Entscheidung ist unabhängig von der erbrachten Leistung und zielt auf den Gesamtnutzen ab
- Die Wirtschaftlichkeit ist der Treiber der Veränderungen

Exemplarische Kernaussage: *„Um den Fortbestand des Unternehmens absichern zu können, ist ein personeller Einschnitt zum jetzeigen Zeitpunkt erforderliche geworden. Das ist eine wirtschaftliche Entscheidung. Trotz Ihrer persönlichen guten Leistungen muss Ihr Arbeitsplatz eingespart* *werden. Nach genauer Prüfungen können wir Ihnen keine andere Stelle anbieten."*

„Verantwortlichkeitsprinzipien" sind ein Hybrid zwischen Beitrags-, Bedarf und Gleichheitsprinzipien (Anm. Unabhängig von Position, Alter, Geschlecht, Qualifikation und Bedürftigkeit). Verantwortlichkeitsprinzipien berücksichtigen individuelle Leistungen und Beiträge und werden von externen und unabänderlichen Faktoren (bspw. bedrohende Veränderungen am Markt) beeinflusst. Die Verteilung steht verhältnismäßig zur erbrachten Leistung und relativ zu den Möglichkeiten (Heun-Lechner, 2020, S. 29). Um die Wahrnehmung der Gerechtigkeit von Betroffenen und Bleibenden darüber hinaus zu fördern, können Maßnahmen realisiert und vor allem kommuniziert werden. Symbolische Veränderungen und Einschnitte in der Organisation oder in Teilbereichen wirken förderlich auf die Wahrnehmung der Gerechtigkeit und zeigen Willen.

Beispiele für förderliche Maßnahmen:

- Übernahme von Mehraufgaben
- Allgemeine Einsparungsmaßnahmen (z. B. Reisekosten für das Management)
- Kollektiver (Teil-) Verzicht des Managements auf Bonifikationszahlungen

---

Ihr Transfer in Praxis

- Der Psychologische Vertrag: Definieren Sie Ihre persönlichen und impliziten Annahmen.
- Selbstreflektion: Ihre Grundmotive und Bedürfnisse im Berufsleben.
- Überlegen Sie sich Handlungsweisen im Prozedere, um die Gerechtigkeitswahrnehmung deutlich zu fördern.
- Überprüfen Sie, welche Gerechtigkeitsprinzipien in Ihrem beruflichen Umfeld Berücksichtigung finden können.
- Formulieren Sie Kernaussagen für die Abgrenzung zwischen Arbeitsstelle und Mensch.

Literatur

Andrzejewski, L. (2008). *Trennungskultur und Mitarbeiterbindung. Kündigungen fair und nachhaltig gestalten* (3. Aufl.). Wolters Kluwer Deutschland GmbH.

Hanschitz, M. (2016). *Menschen fair behandeln. Professionelles Trennungsmanagement & New/Outplacement.* Morowa.

Heun-Lechner, O. (2020). *Kündigung. Faires und wertschätzendes Trennen.* Springer Gabler.

7

Typologien

> **Was Sie aus diesem Kapitel mitnehmen können**
>
> - Mit welchen Reaktionstypologien Sie in Trennungsgesprächen konfrontiert werden können.
> - Welche Gefahren auf Kündigende im Gespräch zukommen können.
> - Verhaltensempfehlungen für den zielführenden Umgang mit Gekündigten.

Die Reaktionen von Gekündigten sind vielfältig und im Vorfeld schwer einzuschätzen. Nach Lieske (2020, S. 35) können in Trennungsgesprächen auch Gefahren für Ausführende durch das eigene Reaktionsverhalten entstehen. Das wiederrum kann erheblichen Einfluss auf den weiteren Verlauf von Trennungen nehmen. Für Kündigende sind Kenntnisse über die verschiedenen Typologien von Gekündigten notwendig, um mögliche Gefahren im Trennungsgespräch vermeiden zu können (Heun-Lechner, 2020, S. 13). Anzeichen werden dadurch leichter erkannt und ein professioneller Umgang kann gewährleistet werden.

Andrzejewski (2008, S. 235), wie auch Hanschitz (2016, S. 45) beschäftigen sich auf Grund der Häufigkeit in der Praxis mit vier Typologien: Den Selbstbeherrschten, den Aufbrausenden, den Geschockten und den Verhandlern. Das Spektrum der Reaktionstypen in der Praxis ist jedoch deutlich facettenreicher, da die Typologien nur selten in Reinkultur erkennbar werden. Die verschiedenen Typologien erfordern eine unterschiedliche Kommunikation, sowie differenzierte Verhaltensweisen.

Unabhängig der Typologien, haben die Regeln aus der Kommunikationspsychologie aus dem Abschn. 5.5 allgemeine Gültigkeit, die im Zuge eines Trennungstraumas heftige negative Reaktionen bei Betroffenen auslösen können. Beispielsweise durch Kritik, Empfehlungen, Anweisungen, Aufforderungen, Pseudo-Lob und gute Ratschläge.

7.1 Selbstbeherrschte

Selbstbeherrschte Betroffene stellen Kündigende in Trennungsgesprächen hinsichtlich einer Deutung vor besondere Herausforderungen. Denn dieser Reaktionstyp neigt in vielen Fällen dazu, die Trennungsnachricht ohne merkliche Betroffenheitsindikatoren entgegenzunehmen. Emotionale Reaktionen sind in vielen Fällen für Kündigende kaum wahrnehmbar. Ausführende, die sich in der Vorbereitungsphase zu diesen Gesprächen wenig mit dieser Typologie beschäftigt haben, könnten diese Verhaltensweisen ggf. falsch einschätzen, da Erwiderungen oder Reaktionen wie bspw. Tränen oder eine lauter werdende Stimme auch zur Gänze ausbleiben können. Selbstbeherrschte Reaktionstypen sitzen dem Ausführenden „einfach" gegenüber und können möglicherweise auch eine durchaus freundliche Haltung einnehmen.

Typisches Reaktionsverhalten von Selbstbeherrschten:

- Geringe Gefühlsregungen
- Kaum körpersprachliche Reaktionen
- Beinahe keine Erwiderungen und Fragen
- Kaum wahrnehmbare Bestätigungshinweise
- Geringe Dialogbereitschaft

Hat der Mitarbeiter die Trennungsnachricht bewusst aufgenommen? Wurde der Inhalt verstanden? Hat die schlechte Nachricht den betroffenen Mitarbeiter berührt? Das sind Fragen, die sich Ausführende bei diesem Reaktionsverhalten stellen sollten. Kündigende laufen durch diese zurückhaltenden Verhaltensweisen Gefahr, die Situation zu verharmlosen und werden dadurch zu Fehleinschätzungen verleitet. An diesem Punkt sollte Obacht geboten sein.

Die Gefahren und Risiken für Ausführende;

- Ein Sicherheitsgefühl, obwohl die Vermittlung der Trennungsbotschaft ungewiss ist.
- Das Trennungsgespräch wird als „leicht" bewertet und Folgenwirkungen überraschen.
- Erleichtert über die einfache Gesprächsführung, wird das Gespräch verfrüht abgeschlossen.

Um Gefahren und Risiken minimieren zu können, sollten sich Ausführende im Trennungsgespräch vor allem Zeit nehmen und keine schnellen Schlüsse ziehen. Daher wird ein bewusstes Abwarten und klares Signalisieren erforderlich werden. Betroffene sollten in diesem Gespräch erkennen können, dass ihr Gegenüber offen für Reaktionen ist und ein Statement erwartet wird bzw. erwünscht ist. In diesem Zusammenhang spricht auch kaum etwas gegen aktive und direkte Aufforderungen. Um Betroffene zu aktivieren, kann die Trennungsbotschaft auch wiederholt werden. Mittels gezielten Fragen sollte dringlich festgestellt werden, was und in welchen Umfang von der Trennungsbotschaft verstanden wurde. Betroffene können auch gebeten werden, Inhalte zu wiederholen oder zusammenzufassen. Erst nach einer Sicherstellung hinsichtlich der Vermittlung der Trennungsnachricht, sollten betroffene Mitarbeiter aus diesem Gespräch entlassen werden. Sollte kein Dialog entstehen, kann mit einem Maß an Nachdruck versucht werden, die Emotionen von Betroffenen zu aktivieren.

Empfehlung aus der Praxis für die Praxis:

- Bewusst Zeit nehmen und betroffene Mitarbeiter nicht frühzeitig aus dem Gespräch entlassen.

- Botschaften wiederholen.
- Statements einfordern.
- Vermittlung der Trennungsbotschaft gezielt hinterfragen.
- Proaktiv versuchen, die Emotionen von Betroffenen zu aktivieren.

7.2 Geschockte

Geschockte zeigen überdurchschnittlich starke Reaktionen auf negative Mitteilungen. Für Kündigende sind Schock-Reaktionen durch körperliche Anzeichen relativ einfach zu erkennen. So ist beispielsweise der Verlust der Gesichtsfarbe (Betroffene werden kreidebleich) typisch. Dieser Reaktionstyp kann aber auch in einer ersten Schock-Phase durchaus den Eindruck vermitteln, kurz vor einer Pseudosynkope (Ohnmacht durch psychische Überforderung) zu stehen. Andererseits kann aber auch ein unmittelbar einsetzendes Schweigen Anzeichen eines Schocks sein. Dieses Schweigen führt mitunter zu Fehleinschätzungen, da diese Reaktionen eine innere Ruhe vortäuschen können. Nach Andrzejewski (2008, S. 238) kann dieses Reaktionsverhalten dadurch begründet werden, dass Betroffene nach der Übermittlung der Trennungsnachricht in einen inneren Dialog gegangen sind. Ein aktives Zuhören bzw. die Aufnahmefähigkeit von geschockten Betroffenen kann in dieser ersten Phase erheblich eingeschränkt sein.

Typisches Reaktionsverhalten von Geschockten:

- Starke körpersprachliche Reaktionen
- Starren ins Leere
- Unklare Sprache bis hin zu Gemurmel
- Fassen sich wiederholt an die Stirn
- Vermeiden Augenkontakt

Neben den körperlichen Reaktionsverhalten kann auch die Wortwahl der Betroffenen Aufschluss über den emotionalen Zustand geben. Ein aufmerksames Zuhören ist erforderlich, um das Ausmaß von Schock und Trauma verifizieren zu können.

Aussagen wie;

- Ich bin schockiert
- Das kann ich nicht glauben
- Das darf doch nicht wahr sein
- Ich bin zu tiefst erschüttert

geben Kündigenden deutliche Hinweise über das psychische Erleben und können Belastungen erahnen lassen. Das typische Reaktionsverhalten von geschockten Mitarbeitern birgt verschiedene Gefahren für Ausführende in sich. Denn menschlichem Leid wird in diesem Kontext häufig uneigennütziges Verhalten entgegengesetzt. Betroffene appellieren bewusst oder unbewusst durch ihr Verhalten an die Hilfsbereitschaft ihres Gegenübers (Appellationstendenz). Intrinsische Motive und informelle Hilfeleistungen sind jene Gefahren, denen Ausführende in diesem Kontext ausgesetzt sein können.

Mögliche Gefahren für Ausführende:

- Mitleid und Bedauern
- Rechtfertigungstendenzen
- Tendenz zum Beschönigen der Situation
- Risiken hinsichtlich nicht angebrachter Eingeständnisse
- Persönliche Schuldgefühle als soziale Emotion

Für Geschockte kann es hilfreich sein, die nächsten Schritte systematisch und in einer reduzierten Komplexität der Sprache zu vermitteln. Ein zu hohes Tempo in der Gesprächsführung wirkt in vielen Fällen kontraproduktiv auf den Fortgang von Trennungsgesprächen. Geschockte benötigen in der Regel deutlich mehr Zeit, um Trennungsnachrichten „sacken" lassen zu können. In den Trennungsgesprächen mit diesem Reaktionstypen sind aktiv gesetzte Sprechpausen ein probates Instrument, um Betroffenen Zeit und Raum für das inhaltliche Begreifen geben zu können.

Empfehlung aus der Praxis für die Praxis:

- Betroffenen Möglichkeiten einräumen, um Emotionen zeigen zu können.
- Zeit geben, um begreifen zu können.

- Verständnis für die Situation zeigen.
- Die Angemessenheit der Reaktion bestätigen.
- Folgetermine und Auffanggespräche anbieten.
- Keine Entlassung aus dem Gespräch, bis eine emotionale Stabilisation gegeben ist.

7.3 Aufbrausende

Aufbrausende Reaktionstypen erleben die Vermittlung der Trennungsnachricht ebenfalls als Schock und die Reaktionen darauf setzen meist unmittelbar ein. Beispielsweise durch stoßartiges Einatmen oder durch ein temporäres Luftanhalten ist dieser Verhaltenstyp für Kündigende relativ leicht auszumachen.

Typisches Reaktionsverhalten von Aufbrausenden:

- Lauter werdende Stimme
- Auffälliges Atemverhalten
- Aggressivität in der Körpersprache
- Verbales Angriffsverhalten
- Drohverhalten

Dieser Typus bringt seine Emotionen hinsichtlich Wut, Ärger, Unverständnis und Überraschung umgehend durch Angriff und durch Vorwürfe zum Ausdruck. Ausführende sind durch dieses Angriffsverhalten stark gefordert, die eigenen Reaktionen zu kontrollieren. Gegenangriffe und Verteidigungsreaktionen aus dem Affekt heraus wirken förderlich auf Eskalationen und sind demnach – ohne wenn und aber – zu vermeiden. Durch die typischen Verhaltensweisen gehen ernst zu nehmende Gefahren aus und können auch zu einem verfrühten Ende oder Abbruch eines Trennungsgesprächsführen. Neben verbalen Attacken kann es auch zu körperlichen Bedrohungen kommen. Ein unvermitteltes Verlassen der Räumlichkeiten ist bei Aufbrausenden nicht auszuschließen. Die Auseinandersetzung mit diesen Reaktionen in der Vorbereitungsphase kann durch eine Eigenreflektion erfolgen: „Wie reagiere ich in der Regel auf einen persönlichen Angriff oder auf

Drohungen im Vorfeld einer Eskalation?" Speziell selbstbewusste, dominante Führungspersönlichkeiten in der Funktion als Kündigende laufen bei diesem Reaktionstypen Gefahr, kontraproduktive Verhaltensweisen im Trennungsgespräch an den Tag zu legen.

Mögliche Gefahren für Ausführende:

- Wahrnehmung eines persönlichen Angriffs
- Fühlen sich verletzt durch verbale Attacken
- Fühlen sich innerhalb ihrer Aufgabe unverstanden
- Neigen zur Verteidigung
- Möglichkeit von Kontrollverlust
- Dominates Verhalten
- Wunsch nach Sanktionen
- Gegenangriff

Die eigenen Emotionen sind im Zuge einer gefühlten Provokation schwerer zu kontrollieren und eine neutrale Sichtweise kann möglicherweise in eine negative Haltung gegenüber den Betroffenen übergehen. Es ist förderlich für den Ausgang der Gespräche, von kritischen Äußerungen bezüglich des Verhaltens deutlich Abstand zu nehmen. So schwierig es auch in dieser angespannten Situation erscheinen mag ruhig, fair und wertschätzend zu agieren, ist es dringend darauf zu achten, dass Betroffene keinen Gesichtsverlust erleiden. Kündigenden sollte es bewusst sein, dass die eigenen Emotionen in diesem Gespräch fehl am Platz sind. Der Versuch den Betroffenen positive Gedanken zu zuordnen, kann dabei helfen, die Situation zu entschärfen bzw. zu neutralisieren. Hanschitz (2016, S. 47) empfiehlt Ausführenden durch Pacen (auch Pacing und Leading) die Verhaltensdynamik des Gegenübers anzunehmen. Bspw. durch schnelles Kopfnicken.

Empfehlung aus der Praxis für die Praxis:

- Haltung und Neutralität bewahren
- Provozierendem Verhalten bewusst aus dem Weg gehen
- Deutlich machen, dass diese Reaktionen verständlich sind
- Versuchen Sie Wut und Ärger zu neutralisieren
- Nicht gegen das Reaktionsverhalten der Betroffenen ankämpfen

- Keine Kritik äußern
- Wertschätzung vermitteln durch zuhören
- Sachlich bleiben
- Zurückhaltung hinsichtlich Statements

7.4 Verhandler

Darüber, ob die Reaktionen der Verhandler auf die Persönlichkeit, auf eine schnellere Verarbeitung von Schock- Erlebnissen oder auf eine mentale Vorbereitung zurückzuführen sind, herrscht Uneinigkeit. Unabhängig von der Begründung neigt dieser Verhaltenstyp dazu, relativ rasch Angebote und Hintergründe zu hinterfragen und macht möglicherweise auch den Anschein auf die Trennungsnachricht gut vorbereitet gewesen zu sein. Konzentriertes zuhören und meist unmittelbares und proaktives Verhandlungsverhalten sind symptomatisch für diese Reaktionstypologie. Der Verhandler wirkt hinsichtlich Rahmenbedingungen, Konditionen und zeitlicher Abläufe und Fristen antreibend und lösungsfokussiert.

Typisches Reaktionsverhalten von Verhandlern:

- Wirkt vorbereitet
- Scheinbare, schnelle Überwindung des ersten Schocks
- Treibt den weiteren Fortgang des Gesprächs an
- Scheint ausschließlich auf Lösungen fokussiert zu sein
- Hohe Agilität
- Fordert einen Dialog ein
- Willens die Gesprächsführung zu übernehmen

Das Verhalten von Verhandlern kann für Kündigende überraschend sein und kann in weiterer Folge auch zur raschen Überforderung von Ausführenden führen. Ausführende, die inhaltlich nicht uneingeschränkt gut vorbereitet sind, laufen Gefahr im Zuge des Dialogs die Führung zu verlieren.

Gefahren für Ausführende:

- Unsicherheit in den Verhandlungen von Konditionen und Modalitäten
- Mangelnde Weitergabe aller erforderliche Informationen
- Verlust der Lead-Funktion

In Trennungsgesprächen mit Verhandlern sind tendenziell die Ausführenden gefordert sicherzustellen, dass die Aussagen von betroffenen Mitarbeitern inhaltlich richtig verstanden wurden. Aussagen, Vorschläge und auch Fragen sollten aufgrund der möglichen Vielzahl protokolliert werden. Kündigende können ggf. auch in die Lage geraten, das Informationsbedürfnis der Betroffenen nicht alleine stillen zu können. Verhandler sind in vielen Fällen auch in der Lage, Aussagen, Zusagen oder Andeutungen nahezu wortwörtlich zu behalten und wiederzugeben. Daher ist Vorsicht mit Zusagen oder Ähnlichen geboten. Denn unklare Aussagen oder Hinweise können von Verhandlern auch als Zusagen verstanden werden.

Empfehlung aus der Praxis für die Praxis:

- Klare Abgrenzung zu Themen, die in dieser Phase nicht beantwortet werden können
- Klare Definition der nächsten Schritte und deren zeitliche Abfolgen
- Vermeidung von Andeutungen
- Detaillierte Protokollierung der Anfragen und Vorschläge
- Äußerst klare und eindeutige Aussagen
- Vermeidung von Interpretationsspielräumen

Ihr Transfer in Praxis

- Reflektieren Sie, welcher Typologie Sie als Betroffener zuzuordnen wären.
- Überlegen Sie, mit welchen Gefahren Sie persönlich bei den verschiedenen Reaktionstypen konfrontiert werden könnten.
- Ordnen Sie Ihnen bekannte Personen den verschiedenen Verhaltenstypologien zu.
- Stellen Sie Überlegungen an, wie Sie förderlich auf diese vier typischen Verhaltensweisen reagieren könnten.

Literatur

Andrzejewski, L. (2008). *Trennungskultur und Mitarbeiterbindung. Kündigungen fair und nachhaltig gestalten* (3. Aufl.). Wolters Kluwer Deutschland GmbH.
Hanschitz, M. (2016). *Menschen fair behandeln. Professionelles Trennungsmanagement & New/Outplacement.* Morowa.
Heun-Lechner, O. (2020). *Kündigung. Faires und wertschätzendes Trennen.* Springer Gabler.
Lieske, J. (2020). *Trennungsgespräche professionell führen.* Gabal.
Nerdinger, F. W., Blickle, G., & Schaper, N. (2019). *Arbeits- und Organisationspsychologie* (4. Aufl.). Springer.

8
Umgang mit Bleibenden

> **Was Sie aus diesem Kapitel mitnehmen können**
>
> - Welche Faktoren Bleibende beeinflussen können.
> - Kenntnisse über Reaktionen und Symptome der im Unternehmen verbleibenden Mitarbeiter.
> - Handlungsempfehlungen für den Umgang mit Bleibenden.

Trennungsgespräche werden nicht nur mit Betroffenen Mitarbeitern geführt. Die Folgewirkungen von Trennungen beeinflussen auch Mitarbeiter, die im Unternehmen verbleiben. Da in der Praxis Leistungsabfälle durch Unruhen, Ungewissheiten und vielem anderen mehr damit einhergehen können, sollten weiterführende Gespräche mit diesen Personengruppen auch nach Hanschitz (2016) und Wurth (2017) geführt werden. In der Literatur wird dieser Personenkreis häufig als „Survivors" bezeichnet. Menschen, die im Unternehmen verbleiben, sollten nach Andrzejewski (2008, S. 250) aber in keiner Weise als Überlebende gelten. Sondern vielmehr sind diese Personen Menschen, die die Zukunft des Unternehmens mitgestalten werden. Organisationen bestimmen im Trennungsmanagement indirekt, dass dieser Personenkreis (Hoffnungsträger) den Fortbestand des Unternehmens absichern soll.

Eine ältere Studie von Robert M. Tomasko (1993) aus den Vereinigten Staaten konnte belegten, dass von 1000 Unternehmen, die von einem Personalabbau betroffen waren, lediglich 50 % der Organisationen die gewünschte Ziel-Kostenreduktion erreichen konnten. Die Reaktionen und die damit verbundene Verhaltensveränderung der Bleibenden waren der Studie nach dafür mit auschlaggebend. Weitere Studien haben in der Havard Business Review in Bezug auf einen Stellenabbau einen Rückgang von rund 20 % in der Gesamtperformance, ein Minus von 24 % in der Innovation und eine Steigerung von über 30 % in der ungewollten Fluktuation genannt. Diese Zahlen machen deutlich, dass Trennungsgespräche für diesen erweiterten Kreis erforderlich sind.

Was beeinflusst Bleibende in ihrer Bewertung? Nach Hanschitz (2016, S. 55) sind zwei Faktoren für die Bewertung ausschlaggebend. Zum einen die Vertrauenswürdigkeit des Managements und zum anderen persönliche Ressourcen und Möglichkeiten, um selbst keinen Schaden zu erleiden. Die Überprüfung der Vertrauenswürdigkeit zielt darauf ab, ob das Management Entscheidungen im Sinne des Unternehmens und der Mitarbeiter getroffen hat und eigene Interessen auszuschließen sind. Aber auch die Kompetenz, die Offenheit und Zuverlässigkeit des Managements wird im Zuge der Wahrnehmung überprüft. Bleibende bewerten personelle Veränderungen und prüfen, welche Veränderungen für sie persönlich zu erwarten sind.

Beispiele persönlicher Befürchtungen hinsichtlich möglicher Veränderungen am Arbeitsplatz:

- Mehrarbeit
- Verlust der Selbstbestimmung
- Eingeschränkter Gestaltungsspielraum
- Knappe Ressourcen
- Übernahme von Aufgaben

Ausführende sollten sich mit den möglichen Gefühlen und Wahrnehmungen von Bleibenden bereits in Planung der Trennungsgespräche befassen. Über Reaktionen und typische Symptome herrscht in der Literatur grundsätzlich Einigkeit. Die Hinweise über häufige Symptome bei Bleibenden konzentrieren sich auf einige wenige Paramater wie: Sinkender Moral, mangelndes Vertrauen, Stressgefühle, Motivationsabfall und erschwertes Teamwork. Die wenigen publizierten Untersuchungen, basierend auf Aussagen von Bleibenden, beschreiben folgende Themen:

- Unsicherheit und Zukunftsängste
- Betroffenheit und Schuldgefühle
- Steigende Arbeitsbelastung
- Angst vor Fehlern
- Verlustgefühle
- In Frage stellen von Unternehmensentscheidungen
- Vertrauensverlust
- Innere Kündigung

Es kann sich aber auch eine „Erleichterung" einstellen, wenn belastende Kollegen das Unternehmen verlassen.

Um Ängsten (Leistungsängste, Bestandsängste und existentiellen Ängsten) entgegenwirken zu können, ist eine geplante Kommunikation und Information förderlich. Nach dem typologischen Modell von Mishra und Spreitzer (1998) (Abb. 8.1) können die beiden konstruktiven Typologien dafür eingesetzt werden, um positiv auf destruktive Bleibende einwirken zu können.

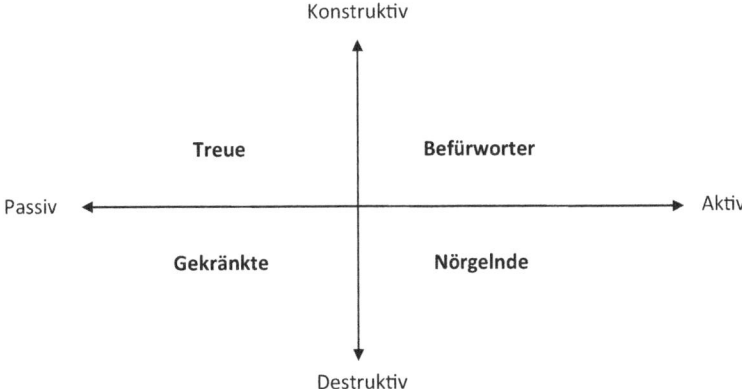

Abb. 8.1 Reaktionen von Bleibenden nach dem typologischen Modell von Mishra und Spreitzer (1998)

Die „Treuen" zeichnen sich durch ein Maß an Ruhe und Gelassenheit aus und verhalten sich meist regelkonform. Sie zeigen Verständnis für die veränderte Situation und der gewünschte Schulterschluss zwischen ihnen und den Vorgesetzten bzw. der Organisation wird nicht infrage gestellt. Sie tragen die Entscheidungen in den meisten Fällen passiv mit. Dieser Typus verharrt in einer Wartestellung und suggeriert Führungskräften, dass Gespräche im Grunde nicht erforderlich wären. Ein hohes Maß an Leistungsbereitschaft kann vorhanden sein. Um die Leistungsfähigkeit positiv zu beeinflussen und zu aktiveren, sollte dennoch aktive und begleitende Handlungen nach personellen Trennungen folgen.

Handlungsempfehlungen für den Umgang mit „Treuen" Bleibenden:

- Aufforderung zur Mitgestaltung
- Kompetenzsteigernde Entwicklungsangebote
- Aufforderung zum Dialog mit Kollegen
- Feedbackgespräche anbieten und leistungssteigernde Maßnahmen vereinbaren
- Veränderungen thematisieren und verständlich machen: Treue Bleibende als Kommunikatoren nutzen

Der Typus der „Befürworter" erhöht seine Aktivität tendenziell und handelt auch initiativ. Befürworter sehen in den Veränderungen Chancen und hoffen auf persönliche Entwicklungsmöglichkeiten. Ein starker Gestaltungwille kann damit einhergehen. Sie fühlen sich durch diese Veränderungen kaum bedroht und zeigen häufig ein hohes Maß an Optimismus. Befürworter werden darüber hinaus selbstständig aktiv und neigen dazu, unaufgefordert zu kommunizieren. Im beruflichen Kontext scheinen diese Personen emotional gefestigt zu sein und können positiv auf gekränkte und nörgelnde Bleibende einwirken.

Handlungsempfehlungen für den Umgang mit Befürwortern:

- Den Austausch mit Kollegen fördern
- Aktiv für einen Neu-Gestaltungsprozess einsetzen
- Botschafter-Rolle anbieten

Nörgelnde zeigen ihre Wut und ihren Ärger offenkundig. Die Loyalität gegenüber Vorgesetzten und dem Unternehmen kann deutlich gefährdet sein. Hanschitz (2016, S. 53) beschreibt diese Bleibenden auch als zynisch und als moralisch entrüstet. Sie können emotional aufgeregt wirken und wütende Handlungsweisen zeigen. Die Gefahr, dass nörgelnde Bleibende eine toxische Arbeitsumgebung entstehen lassen, kann gegeben sein. Beschuldigungen, üble Nachreden oder auch Sabotage sind in den Verhaltensweisen von Nörglern nicht ausgeschlossen.

Handlungsempfehlungen für den Umgang mit nörgelnden Bleibenden:

- Verhaltensweisen direkt ansprechen
- Gespräche in Einzelsettings führen
- Verbindliche Verhaltensmaßnahmen vereinbaren
- Angebot an Mitgestaltung aussprechen und Begleitung gewährleisten
- Externe Gesprächspartner in Erwägung ziehen
- Gefahren aus dem Verhalten gemeinsam mit der Führungskraft erarbeiten

„Gekränkte" empfinden häufig Furcht und Angst. Ein Rückzugsverhalten, das auch Langzeitkrankenstände einschließen kann, kann Folge dieses Verhaltens sein. Dieser Typus kann auch zur innerlichen Kündigung neigen und auf Kollegen und Vorgesetzte hilflos wirken. Ein Zaudern und ein „generelles infrage stellen" sind für diesen Personenkreis symptomatisch. Das Vertrauensverhältnis gegenüber Entscheidern, Vorgesetzten und dem Unternehmen scheint deutlich Schaden genommen zu haben.

Handlungsempfehlungen für den Umgang mit nörgelnden Bleibenden:

- Moderierter Austausch mit konstruktiven Kollegen
- Angebot für vertrauliche Gespräche im Einzelsetting
- Wahrgenommene Verhaltensweisen thematisieren
- Gefahren und Chancen gemeinsam mit der Führungskraft erarbeiten

Personalabbau bedeutet auch Abschied von Kollegen zu nehmen. Das Angebot und die Unterstützung für eine angemessene Verabschiedung fördert die wahrgenommene Wertschätzung von Betroffenen. Aus dem Blickwinkel der Bleibenden heraus betrachtet, fördert diese Option die wahrgenommene Fairness. Durch die Möglichkeit einer Verabschiedung würdigen Ausführende auch die erbrachten Leistungen der Betroffenen symbolisch. Diese Option kann in der Klärungsphase bereits postuliert werden. In Summe kann diese Geste ein Gewinn für Betroffene, Bleibende und in letzter Konsequenz auch für das Unternehmen hinsichtlich Fairness und Wertschätzung sein. Somit ist die Verabschiedung auch ein erfolgsversprechendes Instrument, um Leistungsabfälle und einer möglichen schlechten innerbetrieblichen Stimmung entgegenwirken zu können (Heun-Lechner, 2020, S. 9).

Für eine gute Vorbereitung sind aber nicht nur mögliche Wahrnehmungen und Gefühle ausschlaggebend, sondern auch die häufigen und pragmatischen Fragen von Bleibenden. Diese vier Fragen erfordern vier verbindliche Antworten, um mit Bleibenden gut vorbereitet in einen Dialog gehen zu können.

- Wer übernimmt nun die Aufgaben und Bereiche von…?
- Wie soll ich mich jetzt noch motivieren?
- Wie geht es jetzt für mich weiter? (Bzw. Wann triff es mich?)
- Wie stellen wir uns jetzt neu auf?

Ihr Transfer in Praxis

- Reflektieren Sie: Welcher Typologie ordnen Sie sich zu?
- Welche Typologie würde Ihnen in der Praxis das meiste Kopfzerbrechen bereiten?
- Versuchen Sie das Verhalten Ihrer Mitarbeiter im Zuge eines Personalabbaus einzuschätzen.
- Wie schätzen Sie das Verhalten von Bleibenden ein. Bewerten Sie die möglichen Veränderungen: Jobzufriedenheit, Gesamtperformance, Innovation und Mitarbeiter-Fluktuation.

Literatur

Andrzejewski, L. (2008). *Trennungskultur und Mitarbeiterbindung. Kündigungen fair und nachhaltig gestalten* (3. Aufl.). Wolters Kluwer Deutschland GmbH.

Hanschitz, M. (2016). *Menschen fair behandeln. Professionelles Trennungsmanagement & New/Outplacement*. Morowa.

Heun-Lechner, O. (2020). *Kündigung. Faires und wertschätzendes Trennen*. Springer Gabler.

Mishra G. M., Spreitzer A.K. (1998). *Explaining how Survivors respond to Downsizing, The Roles of Trust, Empowerment, Justice and Workdesign*. S. 569.

Tomasko Robert M. (1993). *Rethinking the cooperation, The architecture of change*.

Wurth, K. (2017). *Trennungsmanagement in Unternehmen. Trennungsprozesse in Führung und Personalwesen fair und transparent gestalten*. Springer.

Literatur

Andrzejewski, L. (2008). *Trennungskultur und Mitarbeiterbindung. Kündigungen fair und nachhaltig gestalten* (3. Aufl.). Wolters Kluwer Deutschland GmbH.

Hanschitz, M. (2016). *Menschen fair behandeln. Professionelles Trennungsmanagement & New/Outplacement.* Morowa.

Heun-Lechner, O. (2020). *Kündigung. Faires und wertschätzendes Trennen.* Springer Gabler.

Mishra G. M., Spreitzer A.K. (1998). *Explaining how Survivors respond to Downsizing, The Roles of Trust, Empowerment, Justice and Workdesign.* S. 569.

Tomasko Robert M. (1993). *Rethinking the cooperation, The architecture of change.*

Wurth, K. (2017). *Trennungsmanagement in Unternehmen. Trennungsprozesse in Führung und Personalwesen fair und transparent gestalten.* Springer.

9
Nachbearbeitung des Trennungsgesprächs

> **Was Sie aus diesem Kapitel mitnehmen können**
>
> - Weshalb die Nachbereitung von Trennungsgesprächen unerlässlich ist.
> - Nachbereitung ist der erste Schritt, um Veränderungen anstoßen zu können.
> - Trennungsgespräche erfordern auch einen Abschluss für Ausführende.
> - Fragestellungen zur Evaluierung eines Trennungsprozesses.

Das Trennungsmanagement ist Teil der Organisationsentwicklung. Der Prozess einer Trennung erfordert eine Grundkonzeption und individuelle Anpassungen. In der Nachbereitung sollten nach Andrzejewski et al. (2015) und Lieske (2020) beide Stoßrichtungen in ähnlichem Ausmaß evaluiert werden. Der überprüfende Blick auf das Konzept sollte durch Bewertungen von und für relevante Abteilungen erfolgen, um Veränderungen entwickeln zu können. Ausführende und Beteiligte sollten anhand einer vierteiligen Evaluation den Trennungsprozess Revue passieren lassen.

1. Evaluation der Pre-Phase:

- Verifikation der „Schuldfrage" und der Verantwortlichkeiten
- Das situative Erleben der Ausführenden
- Reflexion der persönlichen Erfahrungen

In dieser ersten Phase sollte die Schuldfrage: „Weshalb ist diese Veränderung für diesen Personenkreis erforderlich geworden?", beleuchtet und hinterfragt werden. Die allgemeinen Gründe für einen Personalabbau, der aus rein wirtschaftlichen Gründen erfolgt ist, werden unternehmensintern hoch wahrscheinlich bekannt sein. Die Fragestellung bezieht sich in diesem Zusammenhang aber nicht auf diese allgemeine und betriebswirtschaftliche Begründung, sondern vielmehr auf die Personenauswahl. Wie bereits in vorhergehenden Kapiteln erwähnt, ist es bereits im Zuge der Mitarbeiterführung dringend erforderlich, kritische Themen im Vorfeld anzusprechen und zu dokumentieren. Eine kritische Auseinandersetzung kann mögliche Führungsdefizite und nicht erfüllte Verantwortlichkeiten sichtbar machen. Aus den Ergebnissen dieser Evaluierung können Maßnahmen abgeleitet werden, die die Personalentwicklung und im weiteren Sinn die Organisationsentwicklung beeinflussen.

Personelle Trennungen können Ausführende und Beteiligte aufgrund der geringen Häufigkeit und der damit einhergehenden Unerfahrenheit in eine ungewohnte und belastende Situation bringen. Ein offener Austausch zwischen Ausführenden und Beteiligten hinsichtlich des situativen Erlebens kann auf zukünftige bzw. anstehende Trennungsgespräche positiven Einfluss nehmen. Durch den Austausch bzw. durch das Aussprechen (Dissoziieren des Erlebten) kann das Erlebte objektiviert und das emotionale „Nachschwingen" deutlich verkürzt werden.

Empfohlene Fragestellungen:

- Welche Reaktionen haben im Trennungsgespräch überrascht?
- In welchen Bereichen waren wir (Ausführende und Beteiligte) gut vorbereitet?
- Wo waren wir nicht ausreichend vorbereitet?
- Was war besonders belastend?

- Aus welchem Grund haben wir (möglicherweise) den Kurs verlassen?
- Wann und wo haben sich Ausführende allein gelassen gefühlt?

Im Stillschweigen nach personellen Trennungen liegt die Gefahr, dass durch die Passivität Weiterentwicklungen verhindert werden. Eine Dissoziierung im Zwiegespräch oder in der Gruppe erfordert jedoch ein hohes Maß an Vertrauen und Respekt.

Das Festhalten der persönlichen Erfahrungen im Trennungsprozess bringt Struktur in das Verarbeiten des Erlebten. Die Erfahrungen können im Zwiegespräch mit Beteiligten oder auch mit externen Gesprächspartnern vermittelt werden. Aber auch das Festhalten in Schriftform kann hilfreich sein, um Verbesserungen oder anstehende „Hausaufgaben" entwickeln oder erledigen zu können. Was nehme ich aus dem Trennungsgespräch für mich persönlich mit? In dieser Evaluierungsphase finden diese pragmatischen Fragestellungen Platz.

- Ist die Trennungsnachricht angekommen bzw. verstanden worden?
- Was ist im Trennungsgespräch gut gelaufen, was weniger?
- Was sollte besser gemacht werden?
- Konnte ich alle Fragen beantworten?
- Habe ich meine Gegenüber richtig eingeschätzt?
- Habe ich inhaltlich etwas vergessen zu kommunizieren?
- Hätte ich etwas nicht sagen bzw. aussprechen sollen?

2. Evaluations der Post-Phase:

- Verhalten und Rückmeldungen der Bleibenden
- Das Erleben der Führungskräfte
- Rückmeldungen betroffener Mitarbeiter

Die Folgewirkungen von Trennungen können breit strahlen. Vordergründig und rasch bemerkbar wird die Wirkung durch das veränderte Verhalten von Bleibenden. Rückmeldungen der Bleibenden können wertvolle Hinweise geben, um einen Leistungsabfall in der Gegenwart und in der Zukunft abwenden zu können. Durch die Rückmeldungen erhalten Ausführende Hinweise hinsichtlich der wahrgenommenen Gerechtigkeit in der Personenauswahl. Gleichwohl die

Art der Personenauswahl für mögliche und zukünftig anstehende Veränderungen nicht beschlossen werden kann, sollte der Inhalt und der Zeitpunkt der Kommunikation überprüft werden. Nicht nur das Verhalten von Betroffenen, sondern auch das Verhalten verbliebender Mitarbeiter sind wesentliche Gradmesser für die Qualität von Trennungsgesprächen.

- Konnten die Fragen der Bleibenden zur Gänze beantwortet werden?
- Gibt es Themenfelder und Fragen, die keine Berücksichtigung gefunden haben?
- Sind die Bedürfnisse und Ängste richtig eingeschätzt worden?
- War der Zeitpunkt der Kommunikation passend?
- Was sollte getan werden, um zukünftige Verhaltensveränderungen abwenden zu können?

Ähnlich den Rückmeldungen von Bleibenden, sind die Feedbacks und Wahrnehmungen von Führungskräften wichtige Faktoren für eine Evaluierung. Möglicherweise haben sich die Führungsanforderungen nach den personellen Trennungen verändert? Führungskräfte sind wahrscheinlich in der Lage Aussagen, Ängste und Bedürfnisse zu filtern und zu bündeln. Im Gegensatz zum Austausch und zur Arbeit mit den verbleibenden Mitarbeitern, können Führungskräfte Veränderungsvorschläge leichter aktiv und direkt einbringen und die Entwicklung von Trennungsprozessen dadurch rascher mit initiieren. Die Nutzung dieser Möglichkeit sollte nicht vernachlässigt werden und steigert womöglich auch die interne Akzeptanz von personellen Trennungen.

- Wie haben die verbleibenden Mitarbeiter auf die Veränderungen reagiert?
- Wie können wir die Akzeptanz von Trennungen erhöhen und einen möglichen Leistungsabfall verhindern?
- Was sollte in der Kommunikation verändert und was sollte stärker berücksichtigt werden?

Feedbacks von betroffenen bzw. getrennten Personen sind rar, aber nicht ausgeschlossen. Fairness, Wertschätzung, Mitgestaltung und eine Kommunikation auf Augenhöhe können diese wertvollen Rückmeldungen ermöglichen. Der Verzicht auf arbeitsrechtliche Schritte kann auch bedingt Aufschluss über die Qualität von Trennungsgesprächen geben. In der Praxis wird die Bewertung der Betroffenen wahrscheinlich über Umwege erfolgen. Meist sind es Arbeitnehmervertreter, Berater oder Coaches, sowie Vertrauenspersonen die Rückmeldungen zur Evaluierung beisteuern können. Im Sinne eines ausgeprägten Entwicklungswillens, kann dieser Personenkreis proaktiv dazu aufgefordert werden, ohne das Vertrauen zwischen ihnen und den Betroffenen zu verletzen. Denn diese Feedback-Geber können das Trennungsgespräch und den Prozess aus ihrer Wahrnehmung heraus bewerten, ohne die persönliche Haltung der betroffenen Personen zu berücksichtigen.

3. Evaluation von Management- und Organisationsverhalten:

- Verhalten der eigenen Person als ausführendes Organ
- Das Verhalten der Organisation

Wie habe ich mich als Ausführender verhalten? Ein durchaus probates Mittel für eine Evaluierung kann eine Selbstreflektion sein. Aber nicht alle Ausführenden werden aufgrund der Herausforderungen in dieser Situation dazu in der Lage sein. Zum Trennungsgespräch hinzugezogene Personen, wie bspw. Betriebsräte oder Mitarbeiter der Personalabteilung, können Auskunft über die Verhaltensweisen von Ausführenden geben. Mit dem Willen und dem Wunsch nach der eigenen Entwicklung sollten Ausführende eine zeitnahe Rückmeldung einfordern.

Exemplarische Fragen:

- Wie habe ich auf Sie (hinzugezogene Personen) und auf die betroffene Person gewirkt?
- War eine faire und wertschätzende Haltung erkennbar?
- Wie war mein Verhalten hinsichtlich dem Schutz von Würde und Gesichtsverlust?
- War ich glaubwürdig?
- Habe ich vertrauenswürdig und aufrichtig gewirkt?

- Konnte ich Mitgestaltungsmöglichkeiten verständlich und glaubhaft vermitteln?

Selbstbild und Fremdbild gehen hier in vielen Fällen deutlich auseinander. Die Wirkung und das Verhalten können von selbstbewusst, sicher und souverän bis hin zu wenig authentisch und unglaubwürdig reichen. Ausführende sind gut beraten, diese Rückmeldungen zu hinterfragen, ob das auf kommunizierte Inhalte oder auf die eigenen Verhaltensweisen (Sprache, Gestik und Mimik) zurückzuführen ist.
Leichter wird es Ausführenden fallen, das Verhalten der Organisation zu bewerten. In diesem Teil der Evaluierung steht die Frage im Mittelpunkt: Wie war bzw. ist die Haltung der Organisation im Trennungsmanagement. In der Beantwortung dieser Frage ist für Ausführende ein Maß an Vorsicht geboten. Denn es sollte klar zwischen den eigenen Erwartungshaltungen und einem nachhaltigen, zielführenden und wirtschaftlichen Trennungsmanagement unterschieden werden.

- Hatte die Organisation an einem sozialen, fairen und wertschätzenden Trennungsansatz ein gesteigertes Interesse?
- Gibt es Seitens der Organisation eine Bereitschaft personelle Trennungsprozesse weiterzuentwickeln?
- Haben Ausführende und Beteiligte die erforderliche Unterstützung bekommen?

Ein Learning und eine Verbesserung im Trennungsmanagement und in der Trennungskultur werden ohne die Auseinandersetzung mit diesen Kernfragen nur schwer möglich sein. Der Hinweis, dass Trennungen auch in Zukunft ein Thema sein könnten und auch wesentlicher Bestandteil einer Organisationsentwicklung sind, kann die interne Dialogbereitschaft erhöhen.
4. Maßnahmen zur Weiterentwicklung eines Trennungsprozesses:

- Blickwinkel auf die entstandenen Konsequenzen
- Kritische Prüfung der Trennungskultur
- Erforderliche Veränderungen im Trennungsmanagement

Was sollten wir auch in Zukunft bedenken? Ziel dieser Evaluierungsphase sind verbindliche Maßnahmen zur Weiterentwicklung des Trennungsmanagements und der Trennungskultur. Der Blickwinkel auf entstandene Konsequenzen ist dafür eine solide Ausgangsbasis. Entscheidend ist eine klare Abgrenzung zwischen den „erwarteten Konsequenzen" und den „nicht erwarteten Konsequenzen". Personelle Trennungen können eine Menge Unbedachtes mit sich bringen. Ein rasches Umdenken und ein Maß an Improvisation sind in Trennungsgesprächen erforderliche Faktoren. Nicht eingetretene Konsequenzen und unerwartete Konsequenzen sind die Treiber für eine Entwicklung.

- Mit welchen Konsequenzen haben wir gerechnet?
- Welche sind eingetreten?
- Was war für uns unerwartet?

In diesem Zusammenhang ist es wichtig, zwei wesentliche Gründe für die eingetretenen Konsequenzen zu durchleuchten: Liegen die Gründe in der Art und Weise des Trennungsgesprächs, oder waren die angebotenen Modalitäten dafür ausschlaggebend? Beides ist Teil einer Trennungskultur. Die Verhaltensweisen und Reaktionen von Betroffenen sind in nur wenigen Fällen auf nur eine Begründung zurückzuführen. Die Modalitäten, explicit die finanziellen Entschädigungen, können nach Kanitz (2015) und Wurth (2017) kaum Kränkungen und Enttäuschungen aufwiegen und Ängste abwenden. Überaus faire und wertschätzende Prozesse und Gespräche sind in isolierter Form aber selten alleine und zur Gänze ausreichend, um Existenzängste und Zweifel abzuwenden. Denn nicht nur die Höhe der finanziellen Zuwendungen ist für eine faire Trennungskultur ausschlaggebend, sondern die Herangehensweise (Andrzejewski, 2008, S. 143).

Überprüfung der Trennungskultur auf Fairness und Wertschätzung:

- Faires Angebot, oder der Versuch eine günstige Trennung zu realisieren?

In dieser abschließenden Evaluierungsphase sollte weiterführend auch analysiert werden, welche Personen waren oder sind tatsächlich Teil des

Trennungsmanagements. Bei einer genaueren Betrachtung wird der Personenkreis im erweiterten Sinn möglicherweise etwas größer sein, als ursprünglich angenommen. Die Zusammensetzung kann mittels Zuordnung in der Nachbereitung überprüft werden: „Wer war für WAS verantwortlich und WER hat welche Aufgaben übernommen?" Eine mögliche Neuordnung für zukünftige Trennungen sollte in dieser Phase definiert werden.

Die Evaluation von Konsequenzen, Trennungskultur und Trennungsmanagement wird in der Regel erforderliche Veränderungen sichtbar machen. Maßnahmen sollten in der Gruppe gemeinsam definiert und Aufgaben verteilt werden. Eine Schriftform (Protokoll) ist in diesem Zusammenhang unerlässlich. Ähnlich wie bei vielen anderen Themen gilt auch hier: „Nach einer Trennung ist vor einer Trennung". Dieser Glaubenssatz ist wenig attraktiv, zeigt aber die Notwendigkeit auf, dass eine Nachbereitung und damit verbundene und verbindliche Maßnahmen für eine Weiterentwicklung unerlässlich sind.

> **Ihr Transfer in Praxis**
>
> - Überlegung: Welche unerwarteten Konsequenzen könnten im Zuge einer Trennung eintreten?
> - Überprüfen Sie die Trennungskultur in Ihrem Unternehmen auf verbindliche Inhalte.
> - Welche Personen sind als Mitglied im Trennungsmanagement tatsächlich relevant.
> - Skizzieren Sie die Haltung Ihres Unternehmens bei personellen Trennungen.
> - Überprüfen Sie Ihre persönliche Haltung und die Haltung Ihres Unternehmens auf Übereinstimmungen.

Literatur

Andrzejewski, L. (2008). *Trennungskultur und Mitarbeiterbindung. Kündigungen fair und nachhaltig gestalten* (3. Aufl.). Wolters Kluwer Deutschland GmbH.

Andrzejewski, L., & Refisch, H. (2015). *Trennungs-Kultur und Mitarbeiterbindung. Kündigungen, Aufhebungen, Versetzungen fair und effizient gestalten.* Luchterhand Literaturverlag.

Lieske, J. (2020). *Trennungsgespräche professionell führen.* Gabal.

Von Kanitz, A. (2015). *Trennungsgespräche im Unternehmen. Wertschätzend, professionell, fair.* Haufe.

Wurth, K. (2017). *Trennungsmanagement in Unternehmen. Trennungsprozesse in Führung und Personalwesen fair und transparent gestalten.* Springer.

10

Fazit

Personelle Trennungen waren und sind heute mehr denn je fester Bestandteil im Wirtschaftsleben und sind kontinuierliche Aufgaben einer funktionierenden Organisationsentwicklung. Dennoch sind Trennungen und die damit verbundenen Trennungsgespräche aufgrund der geringeren Häufigkeit unternehmensinterne Randthemen. Die Breitenwirkung von personellen Trennungen sollte aber keineswegs unterschätzt werden. Die Folgewirkungen können Interna, wie auch die Umwelten stark beeinflussen. Der kurzfristige Nutzen von personellen Trennungen drängt den klaren Blick auf die möglichen Folgewirkungen oftmals in den Hintergrund. Die Risiken und die ggf. erheblichen versteckten, aber messbaren Kosten von Kündigungen, haben das Bewusstsein von Organisationen erst in den letzten beiden Jahrzehnten deutlich verändert. Trennungen haben kontinuierlich an Bedeutung gewonnen. Durch faire und wertschätzende Haltungsweisen in Trennungsprozessen kann ein Profit für beide Seiten entstehen.

Neben den Trennungsmodalitäten sind es vor allem die Trennungsgespräche selbst, die den Erfolg oder den Misserfolg von Trennungsprozessen maßgeblich (mit-)entscheiden können. Mitarbeitergespräche werden allgemein gelehrt und in Personalentwicklungsmaßnahmen thematisiert. Das überaus heikle Trennungsgespräch scheint aber in vielen Organisationen und in ihren Ausbildungsbemühungen, nach wie vor das „Stiefkind" der Gespräche zu sein. Für Ausführende können anstehende Trennungsgespräche hochbelastend werden und bringen selbst erfahrene Führungskräfte in Ausnahmesituationen. Den Betroffenen wird durch die Freisetzung ein wesentliches Stück an Lebensgrundlage entzogen. Ihr Selbstwert kann deutlich Schaden nehmen und die Wiederherstellung kann einen überaus langen Zeitraum beanspruchen. Auch damit verbundene Verletzungen und Ängste können sich zu schweren psychischen und physischen Bedrohungen entwickeln. Die unternehmerische soziale Verantwortung gegenüber Betroffenen, aber auch gegenüber Ausführenden ist in diesem Zusammenhang hoch. Sicherheitsaspekte sind daher in der Nachsorgephase von Trennungsgesprächen dringlich zu beachten.

Trennungsgespräche sind das Herzstück in Trennungsprozessen. Es wäre gegenüber Betroffenen, Ausführenden und Unternehmen in hohem Maß verantwortungslos, diese Mitarbeitergespräche ohne ausreichende Vorbereitung zu führen. Ein Grundverständnis für die Psychologie des Trennens, Kommunikationsregeln und verständliche Begründungen sind die wesentlichen Bausteine einer guten Vorbereitung. Neben der inhaltlichen Vorbereitung und der Auseinandersetzung mit den betroffenen Personen, erfordert auch das Setting eine solide Planung. In der Planung des Settings sind die allgemeinen Rahmenbedingungen, wie Ort und Zeit zu planen und kritisch zu prüfen. Dass die direkten Führungskräfte die Trennungsgespräche mit Betroffenen führen, ist eine unabdingbare Voraussetzung. Ein Delegieren dieser Gespräche ist demnach auszuschließen.

Das Überbringen von schlechten Nachrichten bedarf einer eigenen Betrachtungsweise. Unabhängig davon sind Klarheit, Nachvollziehbarkeit und Ehrlichkeit, ohne die Würde der Betroffenen zu verletzen, die wesentlichen Merkmale für professionell geführte Trennungsgespräche. Negativ besetzte Rückblenden oder „Abrechnungen" sind in diesen Gesprächen fehl am Platz und daher höchst kontraproduktiv. Ehrlich gemeinte Wertschätzungen im Trennungsgespräch, bspw. in Form eines Dankeschöns für geleistete Beiträge, gelten hingegen als hoch produktiv und sind richtungsweisend für einen erfolgreichen und einvernehmlichen Trennungsansatz.

Trennungen können losgelöst von finanziellen Themen in der Nachbetrachtung als „erfolgreich" angesehen werden, wenn Reputationsschäden auf beiden Seiten verhindert wurden und die Folgewirkungen keinen wesentlichen Einfluss auf die Verhaltensweisen von Bleibenden und auf das Unternehmen selbst genommen haben. Aus einer etwas oberflächlichen Betrachtungsweise heraus, sind Ausführende im Zuge von Trennungen gefordert, einen Konsens im Sinne von Zustimmung und Einwilligung zu finden. In einer tieferen Betrachtungsweise sollte das Ziel einer Trennung aber ein Interessensausgleich sein, um ein hohes Maß an Nachhaltigkeit gewährleisten zu können. Wenn Ausführende und Betroffene Statements wie: „Wir haben uns im Guten voneinander getrennt!" als wahrhaftig ansehen, kann von einem fairen Interessenausgleich gesprochen werden.

Fairness und Wertschätzung sind die Basis für einen soliden Interessenausgleich. Fairness steht in enger Verbindung mit der Wahrnehmung von Gerechtigkeit. Die Berücksichtigung von prozeduralen und distributiven Gerechtigkeitsprinzipien aus der Gerechtigkeitsforschung kann in Trennungsgesprächen richtungsweisend für beide Seiten sein. Durch eine ausgesprochene Trennungsabsicht bzw. durch die Willenserklärungen des Unternehmens wird der psychologische Vertrag mit seinen impliziten Annahmen verletzt. Durch diesen Umstand wird es offensichtlich, dass(dokumentierte) Gespräche mit Betroffenen im Vorfeld von Kündigungen für eine hohe Wahrnehmung von Gerechtigkeit und Fairness maßgeblich sind.

Trennungsgespräche werden nicht nur mit jenen Personen geführt, die das Unternehmen verlassen. Denn im erweiterten Sinn werden im Zuge von Trennungen auch Gespräche mit im Unternehmen verbleibenden Mitarbeitern notwendig. Unaufgeforderte Informationen, Erklärungen und glaubhafte Begründungen seitens der Organisation, können einen möglichen Leistungsabfall bei Bleibenden verhindern. Durch diese proaktive Herangehensweise kann auch Ängsten entgegengewirkt und das Vertrauensverhältnis zwischen Unternehmen/Führungskräften und Bleibenden geschützt werden.

Eine Evaluierung schließt einen Trennungsprozess faktisch ab. Die Ergebnisse und Maßnahmen aus der Evaluation ermöglichen eine Weiterentwicklung des Trennungsmanagements. Eine lernende Organisation ist in der Lage die interne Trennungskultur anzupassen und neu auszurichten.

Das Unternehmen selbst, die betroffenen Mitarbeiter, sowie Bleibende und Ausführende sind die Nutznießer von fairen und wertschätzenden Trennungsgesprächen. Haltungsweisen, die fair und wertschätzend sind, wirken förderlich auf Betroffene. Haltungsweisen, die fair und wertschätzend sind, sind stimmig und nachvollziehbar für Bleibende. Und in Summe Ausdruck einer zeitgemäßen Unternehmenskultur.

The manufacturer's authorised representative in the EU is Springer Nature Customer Service Centre GmbH, Europaplatz 3, 69115 Heidelberg, Germany. If you have any concerns regarding our products, please contact ProductSafety@springernature.com

Printed and bound by CPI Group (UK) Ltd, Croydon, CR0 4YY

23/03/2026

02076464-0005